Wilfried Schlüter
Die nichteheliche Lebensgemeinschaft

Schriftenreihe
der Juristischen Gesellschaft e. V.
Berlin

Heft 68

1981

Walter de Gruyter · Berlin · New York

Die nichteheliche Lebensgemeinschaft

Von
Wilfried Schlüter

Vortrag
gehalten vor der
Berliner Juristischen Gesellschaft
am 5. März 1980
– erweiterte Fassung –

1981

Walter de Gruyter · Berlin · New York

Dr. iur. Wilfried Schlüter
Professor für Bürgerliches Recht,
Handels-, Arbeits- und Zivilprozeßrecht
an der Westfälischen Wilhelms-Universität Münster

CIP-Kurztitelaufnahme der Deutschen Bibliothek

Schlüter, Wilfried:
Die nichteheliche Lebensgemeinschaft : Vortrag
gehalten vor d. Berliner Jur. Ges. am 5.
März 1980 – erw. Fassung – / von Wilfried
Schlüter. – Berlin ; New York : de Gruyter,
1981.
  (Schriftenreihe der Juristischen Gesellschaft
e. V. Berlin ; H. 68)
  ISBN 3-11-008607-7
NE: Juristische Gesellschaft ⟨Berlin, West⟩:
Schriftenreihe der Juristischen...

I.

Kaum ein zivilrechtliches Thema hat in den letzten Jahren im juristischen Schrifttum und vor allem auch in der allgemeinen Publizistik eine solche Beachtung gefunden wie die nichteheliche Lebensgemeinschaft. Schlagzeilen wie „Ehe der Zukunft: Das freischwebende Paar"[1], „Juristen nennen es noch Konkubinat"[2], „Was müssen Partner einer wilden Ehe teilen, wenn sie auseinandergehen?"[3], „Die Partnerschaften auf Zeit, Starker Trend zur nichtgetrauten Zweierbeziehung"[4] kehren ständig wieder. Kongresse und Podiumsdiskussionen in Funk und Fernsehen und in Akademien beschäftigen sich mit dieser Thematik[5]. Auch die internationale Gesellschaft für Familienrecht befaßte sich auf ihrem Kongreß im Jahre 1979[6] mit diesem Fragenbereich. Zahlreiche Aufsätze – auch aus den Bereichen der Medizin und der Psychologie – in Fachzeitschriften[7] und zum Teil rechtsvergleichende Dissertationen zur nichtehelichen Lebensgemeinschaft runden das Bild ab[8].

In der Rechtsprechung mehren sich Entscheidungen zu der Frage, ob und inwieweit nichteheliche Lebensgemeinschaften der Ehe rechtlich

---

[1] Der Spiegel vom 6.3.1978, 84.

[2] Die Zeit vom 23.11.1979, 74.

[3] Der Stern vom 8.3.1979, 116.

[4] *Daiber*, Lutherische Monatshefte 1979, 76–78.

[5] Siehe z.B. *Bosch*, FamRZ 1978, 766; *Landwehr* (Hrg.), Die nichteheliche Lebensgemeinschaft, 1978.

[6] The Third World Conference of The International Society on Family Law, „Family Living in a Changing Society", Uppsala, 5.–9. Juni 1979.

[7] Z.B. *Dmoch*, Partnerberatung 1979, 190–195; *Ridley/Peterman/Avery*, Familiendynamik 1979, 59–71.

[8] *Stückradt*, Rechtswirkungen eheähnlicher Verhältnisse, 1964; *Jeder*, Eheähnliche Verhältnisse und die Stellung der „Geliebten" im Spiegel der deutschen Rechtsprechung, 1971; *Kossendey*, Eheähnliche Verhältnisse im Arbeitsrecht, 1973; *Ohlenburger/Bauer*, Die eheähnliche Gemeinschaft, Eine rechtsvergleichende Betrachtung ihrer Rechtslage und Rechtswirkungen in Frankreich und Deutschland, 1977; *Namgalis*, Die eheähnliche Gemeinschaft im deutschen, französischen, österreichischen, schweizerischen, englischen, dänischen und tansanischen Recht, 1978; *Hoffmann*, Beendigung der ehelichen Gemeinschaft und Konkubinat in Brasilien, 1979; *Carl*, Das Recht der „freien" Ehe, 1920; *Mayer*, Das Konkubinat, 1931.

gleichzustellen sind und auf welche Weise gescheiterte nichteheliche Lebensgemeinschaften abzuwickeln sind. In mancher instanzgerichtlichen Entscheidung, vor allem zum Mietrecht, wird die Tendenz deutlich, nichteheliche Lebensgemeinschaften ähnlich zu behandeln wie eheliche Gemeinschaften. Vereinzelt geblieben ist bisher allerdings die Meinung des Bundestagsabgeordneten Wolfgramm (F.D.P.), der in der Debatte über den Entwurf eines Transsexuellengesetzes im Deutschen Bundestag unter anderem äußerte:

> „Wenn wir immer stärker erleben, daß schon Lebensgemeinschaften rechtlich fast wie Ehegemeinschaften behandelt werden, dann wird man sich zu überlegen haben, ob Lebensgemeinschaften sehr intensiver Art immer heterosexuelle Gemeinschaften sein müssen oder ob man sich nicht auch gleichgeschlechtliche Ehepartnerschaften vorstellen kann[9]."

Dieses auffallende Interesse für die nichteheliche Lebensgemeinschaft beruht offenbar darauf, daß infolge eines veränderten Verständnisses von Ehe, Familie, Sexualität und Liebe[10] die Zahl nichtehelicher Lebensgemeinschaften ständig zugenommen hat, während gleichzeitig – jedenfalls bis vor zwei Jahren – die Zahl der Eheschließungen zurückgegangen und die Zahl der Scheidungen angestiegen ist. Während in der Bundesrepublik Deutschland 1963 507 644 Ehen geschlossen wurden, betrug ihre Zahl 1968 444 150, 1973 394 603 und 1978 328 092. Bis auf das Jahr 1975, in dem die Zahl der Eheschließungen aufgrund des geänderten Heiratsverhaltens der 18–20jährigen und im Zusammenhang mit der Herabsetzung des Mindestheiratsalters gegenüber dem Vorjahr angestiegen war (1974: 377 265; 1975: 386 681), läßt sich ein langjähriger Rückgang der Eheschließungen feststellen. Eine entgegengesetzte Entwicklung findet bei den gerichtlichen Eheauflösungen statt: Während es 1963 50 833 waren, belief sich ihre Zahl 1968 auf 65 264, 1973 auf 90 164, 1977 auf 74 719 und 1978 auf 32 578. Die Zahlen für 1977 und 1978 sind allerdings wegen des Inkrafttretens des 1. EheRG zum 1.7.1977 mit den Vorjahren nicht vergleichbar (1976: 108 363)[11].

---

[9] Deutscher Bundestag, 8. Wahlperiode, 164. Sitzung, Stenograph. Prot., S. 13175.

[10] Das wird sehr anschaulich belegt durch die Umfragen des Instituts für Demoskopie Allensbach zum Bereich „Liebe – Ehe – Familie", in: *Noelle-Neumann* (Hrg.), Allensbacher Jahrbuch der Demoskopie, 1976–1977, Bd. VII, S. 140–155.

[11] Statistisches Bundesamt (Hrg.), Statistisches Jahrbuch für die Bundesrepublik Deutschland, 1973, S. 54; 1975, S. 67; 1979, S. 67, 75; 1980, S. 75; *Cornelius/Lengsfeld*, Zeitschrift für Bevölkerungswissenschaft 1979, 65, 97–106.

Ernstzunehmende Autoren sprechen davon, daß sich Ehe und Familie heute „in einer totalen Sinnkrise und in einer radikalen Existenzkrise" befinden[12].

Der amerikanische Familiensoziologe *Edward Shorter* gelangt in seiner Untersuchung über „Die Geburt der modernen Familie"[13] zu dem Schluß, daß die Struktur der Familie in den sechziger und siebziger Jahren in Bewegung geraten sei und prognostiziert, daß sie durch das freischwebende Paar ersetzt werde.

Ob diese pessimistischen Prognosen über die Zukunft von Ehe und Familie berechtigt sind, vermag heute niemand zuverlässig zu beurteilen. Überraschend ist aber, daß trotz erheblicher Verbreitung nichtehelicher Lebensgemeinschaften repräsentative rechtssoziologische Untersuchungen – jedenfalls für den Bereich der Bundesrepublik – nahezu gänzlich fehlen. Der dritte Familienbericht der Bundesregierung aus dem Jahre 1979 stellt lapidar fest:

> „Die Zahl solcher lediglich auf einem freien Entschluß beruhenden eheähnlichen Gemeinschaften ist in der Bundesrepublik statistisch nicht erfaßbar. Aufgrund von Erfahrungen insbesondere aus skandinavischen Ländern ist zu vermuten, daß in den hoch industrialisierten Staaten die Häufigkeit derartiger Verbindungen zunimmt. Die im neuen Scheidungsrecht enthaltenen Bestimmungen über das nacheheliche Unterhaltsrecht, insbesondere den Versorgungsausgleich, die nachhaltige Auswirkung auf die Einkommens- und Vermögensverhältnisse der Geschiedenen haben, könnten die Neigung verstärken, anstatt einer Ehe eine eheähnliche Verbindung einzugehen[14]."

Das Bundesinstitut für Bevölkerungsforschung hat im Jahr 1978 eine Umfrage bei rund 2000 Frauen im Alter von 18–28 Jahren in Hamburg, Frankfurt a. Main, im Landkreis Dithmarschen und im Landkreis Fulda durchgeführt[14a]. Unter den insgesamt 2000 Frauen in diesem Alter waren rund 1000 ledig. Von ihnen lebte rund ein Viertel mit einem männlichen Partner zusammen. In der Großstadt Hamburg waren es fast 30 %, im Landkreis Fulda dagegen weniger als 10 %. Bei dieser Befragung stellte

---

[12] *Ermecke*, Zur Reform des Ehe- und Familienrechts, besonders des Ehescheidungsrechts in der Bundesrepublik Deutschland, Jahrbuch für christliche Sozialwissenschaften, 1975, S. 161, 165; s. a. *Glatzel*, Der Funktionsverlust der Familie, Jahrbuch für christliche Sozialwissenschaften, 1979, S. 111–128; *Ramm*, JZ 1975, 505–513; *Lecheler*, FamRZ 1979, 1, 6.

[13] 1977, S. 316; Originaltitel: The Making of the Modern Family, 1975.

[14] BT-Drs. 8/3121, S. 14.

[14a] Die Ergebnisse sind teilweise veröffentlicht bei *Schwarz*, Informationen und Informationslücken zur neueren Entwicklung von Ehe und Familie in der Bundesrepublik Deutschland, in: *Rupp/Schwarz/Wingen* (Hrg.), Eheschließung und Familienbildung heute, 1980, S. 30 f.

sich heraus, daß der Entschluß, unverheiratet zusammenzuleben, durch
den Schulabschluß oder die berufliche Stellung der beteiligten Frauen
kaum beeinflußt wird: 30,1 % besaßen den Hauptschulabschluß, 40,6 %
die Mittlere Reife oder Fachschulreife und 22,6 % das Abitur oder die
Fachhochschulreife. 14,6 % waren Schüler oder Studenten, 21,7 %
Beamte oder Beamtenanwärter und 44,6 % Angestellte. Auffallend
niedrig war der Anteil der Arbeiter mit 4,6 %. 28 % dieser unverheirate-
ten Paare lebten nach dieser Untersuchung noch nicht ein Jahr zusammen, 43 % ein bis drei Jahre und 26 % länger als drei Jahre. Aufschluß-
reich ist, daß 27 % der Befragten erklärten, in den nächsten zwei Jahren
heiraten zu wollen. 36 % lebten zusammen, um die Festigkeit ihrer
Bindung zu prüfen und nur 27 %, ohne überhaupt an eine Heirat zu
denken.

Aus dieser für die gesamte Bundesrepublik sicher nicht repräsentati-
ven Befragung kann aber geschlossen werden, daß ein großer Teil dieser
nichtehelichen Lebensgemeinschaften, zumindest wenn sie von Personen
der Altersstufe zwischen 18 und 28 Jahren eingegangen werden, in eine
Ehe einmünden werden[15].

Korczak[16], der sich mit Erscheinungsformen und der Stabilität von
Wohngemeinschaften beschäftigt hat[17], schätzt den Anteil der erwachsenen Gesamtbevölkerung, der über längere Dauer mit einem unverheira-
teten Partner zusammenlebt, auf etwa 1,3 %. Bei den 14- bis 24jährigen
sollen es 3,7 %, bei den 25- bis 34jährigen 3,2 % sein. Hinzu soll noch ein
Anteil von 0,6 % der erwachsenen Gesamtbevölkerung kommen, bei
dem einer der beiden Partner noch verheiratet ist oder einmal verheiratet war[18].

Zum Vergleich seien einige Daten aus Skandinavien und den Verei-
nigten Staaten von Amerika genannt: Für Schweden wird der Prozentsatz
der unverheiratet zusammenlebenden Paare für 1969 mit 6,5 % und für
1975 mit 12 % angegeben. In Dänemark betrug ihr Anteil 1974 8 % und

---

[15] Nach einer amerikanischen Studie (*Ridley/Peterman/Avery*, Familiendynamik 1979, 59, 68) rechtfertigt allerdings nichts die Annahme, daß das gemeinsame
Zusammenleben die spätere Ehe stets positiv oder negativ beeinflußt. Vielmehr
ist im Einzelfall sowohl das eine wie das andere möglich, wobei es entscheidend auf
die Persönlichkeit der Partner und die Art ihrer Beziehung ankommen soll.

[16] Wohnkollektive – Erscheinungsform und Stabilität eines Familientypus,
1978.

[17] Vgl. hierzu auch die eingehende Untersuchung von *Cyprian*, Sozialisation in
Wohngemeinschaften, 1978.

[18] *Korczak* (Anm. 16), S. 133.

1977 11 %. In Skandinavien insgesamt werden nach amtlichen Schätzungen etwa ein Drittel der Partnerschaften zwischen 25 bis 35 Jahre alten Personen als sogenannte „papierlose Ehen" begründet[19].

In den USA hat sich die Zahl der nichtehelichen Lebensgemeinschaften von 1970 bis 1975 nahezu verdoppelt, nämlich von 654 000 auf 1 230 000[20].

Diese mehr sporadischen statistischen Angaben lassen jedenfalls erkennen, daß sich der Jurist zunehmend wieder, wie schon in den vergangenen Jahrhunderten, wenn auch aus anderen Gründen, mit Rechtsfragen der nichtehelichen Lebensgemeinschaften zu befassen haben wird. Bei der rechtlichen Bewältigung dieser Phänomene ist er aber auf wesentlich fundiertere rechtstatsächliche Erhebungen über den Anlaß, das Ziel, die Ausgestaltung und die Dauer derartiger alternativer Lebensformen angewiesen als sie bisher vorliegen. Solange solche Untersuchungen fehlen, sollte vor allem der Gesetzgeber der immer wieder erhobenen Forderung nach einer auch nur partiellen Regelung der Probleme der nichtehelichen Lebensgemeinschaft nicht nachgeben. Hinter der Bezeichnung nichteheliche Lebensgemeinschaft verbergen sich derartig heterogene Lebenssachverhalte, daß sich eine schematische gesetzliche Regelung ungeachtet der hiergegen sprechenden verfassungsrechtlichen Bedenken von vornherein verbietet. Allen diesen Lebensgemeinschaften ist lediglich gemeinsam, daß die Beteiligten ihre Beziehungen nicht durch Eingehung einer Ehe auf eine rechtlich verbindliche Grundlage gestellt haben. Der Grund dafür kann einmal darin zu suchen sein, daß im Falle einer Heirat einer der Partner sonst gegebene Rechtsansprüche verlieren würde. Die verwitwete Frau würde beispielsweise eine Hinterbliebenenrente aufgeben, wenn sie eine neue Ehe einginge. Ein Student würde nicht weiter nach dem Bundesausbildungsförderungsgesetz gefördert, wenn er seine gut verdienende Partnerin heiratete. Die zunehmende berufliche Selbständigkeit der Frau macht sie wirtschaftlich unabhängiger gegenüber dem Mann mit der Folge, daß der durch die Ehe gebotene soziale Schutz an Bedeutung verliert. Eine Heirat kann auch deshalb unterblieben sein, weil einer oder gar beide Beteiligten noch mit einem anderen Partner verheiratet sind und somit das Eheverbot der Doppelehe (§ 5 EheG) der Eingehung einer neuen Ehe entgegensteht. Möglich ist auch, daß eine Eheschließung zwar

---

[19] *Korczak* (Anm. 16), S. 133; vgl. auch *Carsten*, JZ 1976, 37.
[20] *Landwehr* (Anm. 5), S. 7.

grundsätzlich geplant, sie aber aus beruflichen oder finanziellen Erwägungen zunächst noch hinausgezögert wird, oder daß beide im alltäglichen Leben erproben wollen, ob sie für eine dauerhafte Bindung geeignet sind[21]. Die Eheschließung kann schließlich aus weltanschaulichen Gründen unterblieben sein, weil einer der Partner oder beide die Ehe als Institution ablehnen oder für ihre Person nicht so weitgehende Verpflichtungen eingehen wollen, wie sie sich aus einer Ehe ergeben[22]. Es ist naheliegend, daß diese in ihrer Ausgestaltung und Zielsetzung sehr unterschiedlichen Formen des Zusammenlebens nicht mit demselben juristischen Instrumentarium geregelt werden können.

II.

Die nichteheliche Lebensgemeinschaft ist ein zwar aktuelles, aber – betrachtet man die *Geschichte der Ehe* – keineswegs neues Phänomen. Solange die Ehe als Institution besteht, hat es neben ihr andere weniger verbindliche Formen des Zusammenlebens und in früheren Jahrhunderten sogar neben der rechtlich vollwertigen Ehe Ehen minderen Rechts gegeben.

1.

So kannten die *Römer* neben der Ehe (matrimonium)[23], die selbst nicht als Rechtsverhältnis, sondern als soziale Tatsache, als primär faktisches Verhältnis, aufgefaßt wurde[24], den nicht als Ehe anerkannten *Konkubinat*, der zunächst als ebenfalls bloß faktische Beziehung außer-

---

[21] Ähnliche Motive vermutet *Simson* (JZ 1974, 404, 407) für die nordischen Länder; ebenso *Strätz*, FamRZ 1980, 301 f.; *Daiber*, Lutherische Monatshefte 1976, 76 f.

[22] *Kunigk* (Jura 1980, 512, 514 f.) erblickt den Grund für das Vordringen nichtehelicher Lebensgemeinschaften vor allem in den weittragenden wirtschaftlichen Folgen, die das 1. EheRG an eine Ehescheidung knüpft.

[23] Zum gegenwärtigen Stand der Diskussion um die Struktur der römischen Ehe vgl. *Huber*, Der Ehekonsens im römischen Recht, 1977, § 1.

[24] *Müller-Freienfels*, Ehe und Recht, 1962, S. 5 ff.; *Kaser*, Das römische Privatrecht, 2. Aufl. 1971, S. 73; *Thomas*, Formlose Ehen, 1973, S. 20. Hieraus erklärt sich, daß für die Eheschließung kein zwingender Formalakt vorgesehen war. Es war nur erforderlich, daß die Lebensgemeinschaft in dem Bewußtsein beider Partner hergestellt wurde, ihre Gemeinschaft solle eine Ehe sein. Privatrechtliche Wirkungen entfaltete sie nur in Form von Rechtsreflexen, wobei sie nicht als juristische, sondern bloß als tatbestandsmäßige Voraussetzung galt.

halb der Rechtsordnung stand[25]. Gegen Ende der römischen Republik löste er das *Pälikat* ab, worunter man zunächst alle Geschlechtsgemeinschaften verstand, die nicht als rechtmäßige Ehen anerkannt waren[26]. Der Konkubinat hat vor allem durch die Eherechtsreformen unter Kaiser Augustus Bedeutung erlangt, weil durch die lex Iulia de maritandis ordinibus (18 v. Chr.) und die lex Papia Poppaea (9 n. Chr.)[27] eine Reihe von sozialpolitischen Eheverboten aufgestellt wurden, die teilweise allen Männern, teilweise nur Senatoren und bestimmten Beamten und Offizieren die Ehe mit bestimmten Frauen (feminae probrosae: Freigelassene, Dirnen, Kupplerinnen, Ehebrecherinnen, Schauspielerinnen, kriminell Bestrafte, vielleicht auch Frauen niedriger Herkunft) verboten. Wer mit einer danach nicht standesgemäßen Frau eine Lebensgemeinschaft eingehen wollte, konnte nur in den Konkubinat ausweichen, der lange Zeit eine Ersatzfunktion für die von der Ehe Ausgeschlossenen besaß. Nach *Ehrhardt*[28] soll allerdings in der späten Kaiserzeit der Konkubinat eine ähnliche Rolle gespielt haben wie die heutigen „Onkelehen", indem er dazu diente, die mit der Eingehung einer Ehe verbundenen wirtschaftlichen Nachteile zu umgehen, vor allem um die Nachkommen vor den unerträglichen Lasten bestimmter erblicher „Ehrenämter" zu bewahren. Da nach römischem Recht zwei Personen verschiedenen Geschlechts, die ein Jahr lang als Mann und Frau miteinander gelebt hatten, als vollgültig miteinander verheiratet galten, waren solche Personen, die diesen Erfolg nicht wollten, gezwungen, ihre Absicht, im Konkubinat zu leben, urkundlich niederzulegen[29]. Der Konkubinat entfaltete zunächst keine Ehewirkungen. Die aus einer solchen Verbindung hervorgegangenen Kinder waren nichtehelich. Im Laufe der Zeit wurde der Konkubinat als eine Art Ehe minderen Rechts (inaequale coniugium, Cod. 5.27.3.2) anerkannt. Der Grund hierfür bestand darin, daß nach christlicher Auffassung manche Verbindungen gerade mit Angehörigen der unteren Schichten als legitim angesehen wurden, die nach klassischem römischen Recht niemals den Rang einer

---

[25] Siehe hierzu auch *Plassard*, Le Concubinat Romain sous le Haut Empire, 1921; P. M. *Meyer*, Der römische Konkubinat nach Rechtsquellen und den Inschriften, 1895.

[26] Zum Begriffswandel des Pälikats vgl. *Thomas* (Anm. 24), S. 22.

[27] Siehe hierzu *Astolfi*, La Lex Iulia et Papia, 1970.

[28] Soziale Fragen in der alten Kirche, in: Existenz und Ordnung, Festschrift für Erik Wolf, 1962, S. 155, 178 ff.

[29] *Ehrhardt* (Anm. 28), S. 181.

12

Ehe hätten erhalten können, da sie allein den cives Romani vorbehalten war. Als Ehe minderen Rangs fehlte diesen Verbindungen die soziale Anerkennung (dignitas) der Ehe, die aus dem Ehebewußtsein folgte. Die Kinder blieben nach wie vor nichtehelich, konnten aber durch Legitimation die Stellung ehelicher Kinder erhalten[30].

Der Konkubinat hatte nicht die vermögens- und erbrechtlichen Folgen einer Vollehe, wurde aber gegenüber seiner früheren Behandlung begünstigt. Nach justinianischem Recht (Cod. 5.27.11) konnten der Konkubine und ihren Kindern unentgeltliche Zuwendungen gemacht werden. Unter bestimmten Voraussetzungen stand ihr sogar ein gesetzliches Erbrecht zu; Justinians Nov. 18,5 gewährte ihnen ein Intestaterbrecht in Höhe eines Sechstels, sofern weder legitime Kinder noch eine Ehefrau erbberechtigt waren[31]. Außerdem hatten die aus dieser Verbindung hervorgegangenen Kinder anders als andere nichteheliche Kinder unter bestimmten Voraussetzungen Unterhaltsansprüche[32].

2.

Auch das *germanische Recht* kannte verschiedene Eheformen. Neben der Muntehe, in der die Frau unter der Muntgewalt des Mannes stand, ihm aber auch eine Schutzpflicht oblag, gab es als Formen minderen Rechts die *Friedelehe* (von frilla = Geliebte, Einheirat des Mannes) und die *Kebsehe*, die durch den Kauf einer Sklavin begründet wurde und zur völligen Unterwerfung der Frau führte[33]. Die Friedelehe, die sich durch die Offenkundigkeit der Verbindung (Heimführung, Beilager, Morgengabe) von dem reinen Kebsverhältnis unterschied[34], war eine monogame Ehe minderen Rechts und beruhte anders als die Muntehe nicht auf einem Sippenvertrag, sondern auf einem Vertrag zwischen den künftigen Ehegatten selbst[35]. Sie ersparte einerseits dem Bräutigam den Muntschatz, während gleichzeitig die Braut nicht in die volle Munt des Mannes überführt wurde. Diese Eheform wurde vornehmlich aus wirtschaftlichen Gründen gewählt. Sie erhielt aber auch dann Bedeutung, wenn eine Frau vornehmerer Abstammung es vermeiden wollte, sich der

---

[30] *Kaser*, Römisches Privatrecht, 11. Aufl. 1979, § 58 VIII 1,2.
[31] Vgl. *Lange/Kuchinke*, Lehrbuch des Erbrechts, 2. Aufl. 1978, § 14 V 2 a, Fn. 21.
[32] Einzelheiten bei *Becker*, Die nichteheliche Lebensgemeinschaft (Konkubinat) in der Rechtsgeschichte, in: *Landwehr* (Anm. 5), S. 16 f.
[33] *Hoyer*, Die Ehen minderen Rechts in der fränkischen Zeit, 1926.
[34] *Conrad*, Deutsche Rechtsgeschichte, Bd. 1, 1954, S. 55.
[35] *Schwerin*, Germanische Rechtsgeschichte, 2. Aufl. 1943, S. 17.

Munt eines Mannes geringerer Abstammung zu unterwerfen. Der Friedelehe lag das Prinzip der Gleichberechtigung und der freien Zuneigung zugrunde. Auch der Frau stand das Scheidungsrecht zu. Später diente die Friedelehe dazu, den Eintritt einer Frau aus niederem Stand und ihrer Kinder in den Stand der Familie des vornehmeren Mannes zu verhindern[36].

3.

Zu erwähnen sind schließlich die *Ehen zur linken Hand*[37] und die *morganatische Ehe*, eine Eheform minderen Rechts zwischen einem Standesherrn und einer nicht standesgemäßen Frau. Durch sie wurden Frau und Kinder von den Standesvorrechten des Mannes ausgeschlossen. Sie erhielten nur diejenigen Vermögens- und Erbrechte, die ihnen durch Ehevertrag eingeräumt worden waren. Daher setzte eine morganatische Ehe notwendigerweise einen schriftlichen Ehekontrakt voraus (ALR II 1 § 846)[38].

Die Geschichte der nichtehelichen Lebensgemeinschaft und die Einstellung dazu ist wechselhaft. Sie reichte von anfänglicher Billigung, auch durch die Kirche[39] bis zur Bekämpfung mit den Mitteln des Strafrechts im 16. Jahrhundert. Der Konkubinat bildete noch in dem 1861 verabschiedeten bairischen Polizeistrafgesetzbuch (Art. 95) sowie dem Bad-PolStGB von 1863 (§ 73) einen Straftatbestand und war auch Gegenstand mehrerer Polizeiverordnungen, wie etwa der preußischen Kabinettsorder vom 4. 10. 1810[40].

---

[36] Vgl. *Mikat*, Dotierte Ehe – rechte Ehe, 1978, S. 50 ff. m. w. N.; *Becker* (Anm. 32), S. 14, 18–21.

[37] Dazu Allgemeines Gesetzbuch für die Preußischen Staaten von 1791 II. 1.9, §§ 835–944 und das Preußische Allgemeine Landrecht von 1794, §§ 835–932.

[38] *Conrad*, Deutsche Rechtsgeschichte, Bd. 2, 1966, S. 212 f.

[39] Vgl. das Konzil von Toledo im Jahre 400; es entschied: „Wer keine Frau, sondern an ihrer Stelle eine Konkubine hat, soll, vorausgesetzt, daß er sich mit einer Frau oder Konkubine, wie er es für richtig hält, begnügt, nicht von der Kommunion ausgeschlossen werden." (zitiert nach *Ehrhardt* (Anm. 28), S. 155, 183); anders dagegen das Konzil von Trient (1542–1563), das im „Reformationsdekret von der Ehe" diejenigen, die im Konkubinat lebten, nach dreimaliger Ermahnung mit der Exkommunizierung bedrohte (*Göschl*, Geschichtliche Darstellung des großen allgemeinen Concils zu Trient, 1846, S. 301).

[40] *Schering*, Nachtrag zum ALR, Bd. I, 2. Ausgabe 1876, Nr. 102, S. 189; siehe auch Beratungsprotokolle der zur Revision des Strafrechts ernannten Kommission des Staatsraths, 1839–1842, 2. Bd., S. 275–278, abgedruckt in: *Gerhardt*, Verhältnisse und Verhinderungen, 1978, S. 351–360; siehe auch die eingehende Darstellung bei *Becker* (Anm. 32), S. 13, 21–38.

Bayern hat in Art. 25 BayerLStVG v. 17.11.1956 erneut die Strafbar-
keit des Konkubinats proklamiert, was allerdings gegen Bundesrecht
verstößt. Denn der Konkubinat unterliegt infolge seiner Nichtaufnahme
in die Reihe der Tatbestände über die Sittlichkeitsdelikte im StGB der
„stillschweigend-negativen Materienregelung" durch das Bundesrecht,
so daß der Erlaß entsprechender landesrechtlicher Strafbestimmungen
unzulässig ist[41].

4.

Dieser kurze historische Rückblick macht deutlich, daß in der Vergan-
genheit die Entscheidung für eine Lebensgemeinschaft minderen Rechts
im allgemeinen keine freiwillige Entscheidung gegen die Ehe war. Sie
wurde vielmehr meistens durch äußere Umstände in der Rechts- und
Gesellschaftsordnung erzwungen, die die Partner nicht zu beeinflussen
vermochten. Zu nennen sind etwa neben den bereits erwähnten Eheyer-
boten des römischen Rechts die Eheverbote des Standesunterschieds
im ALR sowie das Eheverbot der „Ortsarmut", das demjenigen eine
Heirat untersagte, der eine Familie nicht ernähren konnte[42] und aus
neuerer Zeit rassisch motivierte Eheverbote der Nürnberger Gesetze aus
dem Jahre 1935[43]. Das Ausweichen auf nichteheliche Lebensgemeinschaften wurde häufig auch durch ein Eherecht veranlaßt, das eine
Scheidung zerstörter Ehen erheblich erschwerte oder gar ausschloß.
Rechtsordnungen, die weite Teile der Bevölkerung daran hindern,
eine vollgültige Ehe einzugehen, müssen für die Gemeinschaft von Mann
und Frau alternative Rechtsformen bereitstellen, um die Probleme zu
lösen, die sie selbst geschaffen haben. Ist hingegen der freie Zugang zu
einer vollgültigen Ehe rechtlich und tatsächlich gewährleistet, so
besteht grundsätzlich keine Veranlassung, neben der Ehe weitere rechtliche Institute bereitzustellen, zwischen denen die Beteiligten frei wählen
können. Da beim geltenden Recht die Eheschließungsfreiheit durch

---

[41] *Maurach*, Deutsches Strafrecht, Bes. Teil, 5. Aufl. 1969, S. 429.

[42] Vgl. zu den zahlreichen Eheverboten und -beschränkungen im älteren deutschen Recht und im Recht des 19. Jahrhunderts: *Thudichum*, Ueber unzulässige
Beschränkungen des Rechts der Verehelichung, 1866.

[43] Eheverbot der Blutsverschiedenheit (§ 4 EheG), sowie auch Eheverbot
wegen Mangels der Ehetauglichkeit (§ 5 EheG); nähere Einzelheiten bei *Volk-
mar/Antoni/Ficker/Rerroth/Anz*, Großdeutsches Eherecht, 1939, S. 64–83;
Müller-Freienfels (Anm. 24), S. 110–114; *Neuhaus*, Ehe und Kindschaft in rechtsvergleichender Sicht, 1979, § 6; *Gernhuber*, Lehrbuch des Familienrechts,
3. Aufl. 1980, § 10.

Art. 6 Abs. 1 GG verfassungsrechtlich gewährleistet und dem Staat die äußerste Zurückhaltung bei der Aufstellung von Ehehindernissen auferlegt worden ist[44], Eheverbote praktisch nicht mehr existieren[45] und auch sonstige beachtliche Hinderungsgründe für die Eingehung einer Ehe nicht bestehen, könnte man hieraus folgern, daß denjenigen, die sich aufgrund freier Entscheidung für eine andere Lebensgemeinschaft als die der Ehe entschieden haben, jeder Rechtsschutz zu versagen sei. Eine solche Schlußfolgerung wäre jedoch voreilig und verfehlt.

III.

Durch Art. 6 Abs. 1 GG sind Ehe und Familie unter den besonderen Schutz des Staates gestellt. Vor allem die Entstehungsgeschichte dieser Vorschrift läßt erkennen, daß das Grundgesetz weder einen Ausschließlichkeitsanspruch auf Legalität für die Ehe erhebt, noch ein Unwerturteil über die nichteheliche Gemeinschaft ausspricht oder sie gar verbietet[46]. Während nämlich zahlreiche vom Parlamentarischen Rat diskutierte Entwürfe zum heutigen Art. 6 GG die Ehe „als rechtmäßige Form der dauernden Lebensgemeinschaft von Mann und Frau" hervorhoben, wurde dieses Attribut aus einer „gewissen Scheu" vor der hierin zum Ausdruck kommenden „Ablehnung der außerehelichen Formen der Lebensgemeinschaft von Mann und Frau"[47] fallengelassen[48]. Diese Verfassungsnorm begründet keinen absoluten „Konkurrenzschutz" für die Ehe. Es gibt keinen Verfassungsauftrag an die Gesetzgebung, nichteheliche Lebensgemeinschaften durch Entzug der materiellen Grundlagen zu bekämpfen und ihre Auflösung zu erzwingen[49]. Aus dem besonderen

---

[44] BVerfGE 36, 146, 163.

[45] *Scholl,* StaZ 1973, 153–156.

[46] *Maunz/Dürig/Herzog/Scholz,* Grundgesetz, Bd. I, Art. 6, Rdnr. 15; *v. Münch,* Verfassungsrecht und nichteheliche Lebensgemeinschaft, in: *Landwehr* (Anm. 5), S. 137, 148; *Zoras,* Ehe und Familie unter dem besonderen Schutz der verfassungsmäßigen Ordnung, 1978, S. 39 f.; *Schlüter,* Familienrecht, 1979, § 1 II 1 b; vgl. auch *Gernhuber* (Anm. 43), § 5 I 1; a. A. LG Wiesbaden MDR 1954, 166 f.

[47] *v. Mangoldt/Klein,* Das Bonner Grundgesetz, Bd. I, 2. Aufl. 1957, Art. 6, Anm. III 2.

[48] Vgl. Entstehungsgeschichte der Artikel des Grundgesetzes, JöR, Bd. 1, 1951, S. 92–99; siehe auch die Nachweise zu den Beratungen des Hauptausschusses des Parlamentarischen Rates in dieser Frage bei *Kossendey* (Anm. 8), S. 11, Fn. 2.

[49] BVerfGE 9, 20, 34 f.; BVerwGE 15, 306, 316.

16

Schutz der Ehe folgt also nicht, daß andere Beziehungen nicht geschützt werden dürften[50], sondern nur, daß sie nicht den gleichen Rang wie die Ehe beanspruchen können; selbst bei einem länger dauernden Konkubinat entsteht kein Familienverband im Sinne des Grundgesetzes[51]. Die Verweigerung von Rechtsschutz gebietet auch nicht das staatliche Förderungsgebot für Ehe und Familie.

Eine völlige Verweigerung von Rechtsschutz widerspräche vielmehr sowohl dem Rechtsstaats- als auch dem Sozialstaatsprinzip. In einem Rechtsstaat kann es keinen Verzicht auf Rechtsschutz in existenziellen Fragen geben. Aus der Entscheidung für eine nichteheliche Lebensgemeinschaft kann zudem nicht auf den Willen geschlossen werden, auf jeden Rechtsschutz zu verzichten. Wer die Rechtsform der Ehe, aus welchen Gründen auch immer, ablehnt, verzichtet zwar auf den spezifischen Schutz und die daran geknüpften Rechtswirkungen der Ehe, nicht aber generell auf die Austragung von Konflikten mit den Mitteln des Rechts. Schließlich trifft auch den Staat unter dem Gesichtspunkt des Sozialstaatsprinzips die Pflicht, den jeweils Schwächeren in einer nichtehelichen Gemeinschaft zu schützen.

So eindeutig diese prinzipiellen Aussagen sind, so außerordentlich schwierig ist es im Einzelfall, mit den Regeln des geltenden Rechts gerechte Lösungen zu entwickeln. Das BGB ignoriert nichteheliche Gemeinschaften schlechthin. Deshalb müssen Lösungen für die Rechtsprobleme, die solche Lebensgemeinschaften aufwerfen, mit Hilfe von Rechtsnormen gefunden werden, die in ihrem eigentlichen Anwendungsbereich auf ganz andere Sachverhalte zugeschnitten sind. Es wäre in jedem Fall verfehlt, eine Lösung durch pauschale Anwendung einzelner Rechtsnormen oder undifferenzierte Zuordnung zu bestehenden Rechtsinstituten anzustreben. Die für den Einzelfall angemessene Regelung läßt sich mit Hilfe des vorhandenen, meist allerdings unzureichenden rechtlichen Instrumentariums nur für die jeweilige konkrete Frage finden.

IV

Besonders schwierig zu beantworten ist es, welche *gegenseitigen Rechte und Pflichten* sich für die Partner einer solchen nichtehelichen Lebensgemeinschaft während ihres Bestehens oder nach ihrem Schei-

---

[50] OLG Hamm NJW 1978, 224 f.
[51] BVerfGE 36, 146, 167; *Lecheler*, FamRZ 1979, 1, 2.

tern ergeben. Schulden sie ähnlich wie Eheleute einander Unterhalt? Werden sie aus Geschäften, die einer zur angemessenen Deckung des Lebensbedarfs vornimmt, gemeinsam verpflichtet? Ergeben sich, wenn eine solche Gemeinschaft zerbrochen ist, ähnliche Ansprüche auf Unterhalt, Versorgungsausgleich, Zugewinnausgleich oder auf sonstige Teilnahme am Vermögen des anderen wie im Falle einer Ehe? Wäre für das deutsche Recht eine ähnliche richterliche Entscheidung denkbar, wie in dem spektakulären kalifornischen Rechtsfall Marvin gegen Marvin[52]?

1.

Man könnte, wie im Schrifttum vereinzelt vorgeschlagen worden ist, erwägen, das Ehe- oder Ehescheidungs- und Scheidungsfolgenrecht analog anzuwenden[53].

a) Dieser Weg ist nach deutschem Recht aus verschiedenen Gründen nicht gangbar.

(1) Es fehlt die für eine Analogie notwendige Vergleichbarkeit zwischen Ehe und nichtehelicher Lebensgemeinschaft. Die nichteheliche Lebensgemeinschaft ist sowohl hinsichtlich ihrer Erscheinungsformen als auch hinsichtlich der Interessenlage der Beteiligten gegenüber der Ehe ein völliges aliud[54]. Die Partner einer nichtehelichen Lebensgemeinschaft, zumindest einer von ihnen, lehnen in aller Regel die rechtlichen Bindungen der Ehe und die sich aus ihr ergebenden Rechtswirkungen ab. Gerade deshalb haben sie davon abgesehen, eine Ehe vor dem Standesbeamten zu schließen.

(2) Würde man durch Rechtsfortbildung ihre Gemeinschaft nachträglich denselben Rechtswirkungen unterwerfen, die das Gesetz für die Ehe vorsieht[55], so liefe das Ergebnis auf eine *„Zwangsehe durch Richter-*

---

[52] Marvin v. Marvin, 557 P. 2 d 106 (Cal. 1976); siehe auch: *Glendon,* Patterns of Contemporary Legal Response to the Social Phenomenon of de facto Marriage, in: Festschrift für Murad Ferid, 1978, 491 ff.

[53] *Roth-Stielow,* JR 1978, 233, 236; ähnlich *Derleder* (NJW 1980, 545, 547), der meint, „die gesellschaftliche Entwicklung mit der ständigen Zunahme der Einzelpersonenhaushalte" indiziere „eine langfristige Dissozialisierung des privaten Bereichs, der gegenüber auch ein gewisser Schutz eheloser Beziehungen... geboten sein und zur partiellen Orientierung an Familienrechtsnormen zwingen kann"; *Krüger* (AuR 1960, 32) folgert eine Pflicht zur Unterhaltsgewährung bei einem nichtehelichen Verhältnis aus § 149 AVAVG.

[54] *Evans v. Krbek,* FamRZ 1978, 859 f.; *Bosch,* FamRZ 1980, 739 ff., 852.

[55] So aber AG Berlin-Lichterfelde JR 1952, 244 f.

spruch" hinaus. Ein solches Vorgehen fände seine Entsprechung in der zwangsweisen Umwandlung von Konkubinaten in Ehen nach dem Recht einiger südamerikanischer Staaten[56]. Der Richter würde sich über die ursprüngliche Entscheidung mindestens eines Partners hinwegsetzen, eine rechtlich verbindliche Ehe mit ihren Rechtsfolgen nicht eingehen zu wollen. Das aber wäre *mit der* durch Art. 6 Abs. 1 GG gewährleisteten (negativen) *Eheschließungsfreiheit* und *Selbstverantwortlichkeit der Ehegatten*[57] *schwerlich zu vereinbaren.* Der gleiche Vorwurf wird gegen die in Lateinamerika praktizierte gerichtliche „Aufwertung" der Konkubinate in vollgültigen Ehen erhoben[58].

Die Freiheit, mit dem selbst gewählten Partner eine Ehe mit den daraus folgenden Rechten und Pflichten einzugehen oder davon abzusehen, ergibt sich nicht nur unmittelbar aus der Verfassung, sondern ist inzwischen auch in dem innerhalb der Vereinten Nationen erarbeiteten Pakt vom 19. 12. 1966 über bürgerliche und politische Rechte (Art. 23 Abs. 2) weltweit anerkannt worden[59].

(3) Abgesehen davon würde die Übertragung ehespezifischer Normen auf unverbindlichere Lebensformen dazu führen, die durch Art. 6 Abs. 1 GG vom Staat besonders zu schützende *Institution der Ehe* zu *entwerten*[60]. Die weitgehenden Verpflichtungen, die sich aus einer Ehe für die Ehegatten ergeben, lassen sich nur dadurch rechtfertigen, daß

---

[56] *Thomas* (Anm. 24), S. 73–91; ähnliches schwebte offenbar einigen Abgeordneten der dänischen Socialistisk Folkeparti bei ihrem Entwurf für ein Gesetz über Lebensgemeinschaften auf Dauer und ihre Auflösungen vor (nähere Einzelheiten bei *Graue*, Die nichteheliche Lebensgemeinschaft aus rechtsvergleichender Sicht, in: *Landwehr* (Anm. 5), S. 98, 127): Jeder Partner sollte das Recht haben, seine Gemeinschaft mit dem anderen Partner als Ehe mit allen ihren Rechtsfolgen anerkennen zu lassen, wenn die Gemeinschaft mindestens drei Jahre lang bestand. Falls der andere Partner hiermit nicht einverstanden sein sollte, so sollte ein Gericht hierüber bei Berücksichtigung aller Lebensumstände entscheiden. Weitere Beispiele dieser Art aus dem australischen und kanadischen Recht finden sich bei *Müller-Freienfels*, Zeitschrift für Evangelische Ethik 1980, 55, 60 f. Die von den dänischen Linkssozialisten vorgeschlagene Lösung bezeichnet *Müller-Freienfels* zutreffend als Bestrafung des Säumigen durch zudiktierte „Ehewirkungen".

[57] BVerfGE 31, 58, 84.

[58] *Thomas* (Anm. 24), S. 89, Fn. 387.

[59] Vgl. BT-Drs. 7/660, S. 15: „Artikel 23 (2), Das Recht von Mann und Frau, im heiratsfähigen Alter eine Ehe einzugehen und eine Familie zu gründen, wird anerkannt. (3) Eine Ehe darf nur im freien und vollen Einverständnis der künftigen Ehegatten geschlossen werden."; BVerfGE 36, 146, 162.

[60] *Ohlenburger/Bauer* (Anm. 8), S. 48.

beide die Verpflichtung zur grundsätzlich unauflösbaren ehelichen Lebensgemeinschaft eingegangen sind.

(4) Selbst wenn man diese verfassungsrechtlichen Bedenken einmal zurückstellte, so *stehen* einer Übertragung der für die Ehe geltenden Rechtsfolgen auf andere im allgemeinen unverbindlichere Gemeinschaften auch entscheidende *rechtspraktische Gründe entgegen;* denn der Tatbestand der nichtehelichen Gemeinschaft, auf den die für die Ehe geltenden Rechtsfolgen übertragen werden sollen, ist äußerst heterogen und diffus. Wie lange müßte beispielsweise eine eheähnliche Gemeinschaft bestanden haben, um an sie bestimmte Rechtswirkungen knüpfen zu können? Welchen Zweck müssen die Partner mit dieser Gemeinschaft verfolgt haben? Soll für die Ehe auf Probe etwas anderes gelten als für die von vornherein nur auf Zeit oder aus wirtschaftlichen Gründen eingegangene Zweckgemeinschaft? Inwieweit kommt es auf die persönlichen Beziehungen und die Verbundenheit der Partner an?

Würde man an einen derartigen in seinen Konturen völlig unscharfen Begriff wie den der nichtehelichen Lebensgemeinschaft solche einschneidenden Rechtsfolgen knüpfen, wie sie im Scheidungsfolgenrecht spätestens seit dem 1. EheRG vorgesehen sind, so müßte das zu einer unerträglichen Rechtsunsicherheit führen. Die Rechtsentwicklung wäre damit um Jahrhunderte, nämlich in die Zeit vor dem Konzil von Trient (1545–1563) zurückgeworfen. Bis zu diesem Konzil bestand die Möglichkeit, Ehen ohne Einhaltung einer Form zu begründen. Diese „matrimonia clandestina" oder „Winkelehen" ließen sich weder von dem auf Verlobung gerichteten Konsens noch den Konkubinaten abgrenzen und führten zu einer spürbaren Belastung und Verunsicherung der sozialen Ordnung[61]. Das ökumenische Reformkonzil von Trient (1542–1563) hat daraufhin im Jahre 1563 durch das decretum de reformatione matrimonii eine gewisse Offenkundigkeit der Eheschließung eingeführt, indem der Abschluß der Ehe von einem reinen Konsensualakt zu einem Formalakt umgestaltet wurde. Die Konsenserklärungen mußten vor dem eigenen Pfarrer eines der beiden Verlobten und zwei oder drei Zeugen abgegeben werden. Wer diese Formvorschrift nicht erfüllte, galt als zur Ehe unfähig[62]. Außerdem mußte der Eheabschluß in einer Traumatrikel beurkundet werden[63]. Würde man heute alle Formen des Zusammenle-

---

[61] *Thomas* (Anm. 24), S. 33.
[62] *Jedin*, Der Abschluß des Trientiner Konzils 1562/63, 1963, S. 68.
[63] Nähere Einzelheiten bei *Göschl* (Anm. 39), S. 295–297.

bens mit der Ehe rechtlich und materiell gleichstellen, so würde man die durch das Konzil von Trient bekämpfte Rechtsunsicherheit und längst als überwunden geglaubte Mißstände wieder aufleben lassen. Die Schwierigkeiten, die andere Rechtsordnungen mit mehr oder weniger formlosen Ehen zu bewältigen haben, lassen es nicht als sinnvoll erscheinen, die nichteheliche Gemeinschaft gleichsam als formlose Ehe zu behandeln. Die Nachteile der in den USA noch heute verbreiteten Common Law-Ehen reichen von vielfachen Unklarheiten über schwerwiegende Mißbrauchsgefahren bis hin zu kriminellen Erscheinungen[64]. Das Bundesverfassungsgericht hat mit Recht darauf hingewiesen, daß die dem Grundgesetz vorgegebene Institution der Ehe unter Wahrung bestimmter vom Gesetz vorgeschriebener Formen geschlossen sein muß, um die Offenkundigkeit der Eheschließung und damit die Klarheit der Rechtsverhältnisse zu gewährleisten[65].

Als *Ergebnis* ist daher festzuhalten, *daß ehespezifische Rechtsfolgen nicht* durch Analogie *auf nichteheliche Lebensgemeinschaften übertragen werden können.* Damit scheiden Unterhaltsansprüche unter den Partnern und Ansprüche auf einen Zugewinn- oder Versorgungsausgleich sowie einen güterrechtlichen Ausgleich von vornherein aus.

b) Demgegenüber wollten mehrere Oberlandesgerichte auf einem Umweg die Parteien einer nichtehelichen Lebensgemeinschaft in bestimmten Fällen faktisch so behandeln, als ob sie einander Unterhalt schuldeten. Hat einer von ihnen noch von seinem Ehegatten nach § 1361 BGB Getrenntlebensunterhalt oder nach §§ 1569 ff BGB Geschiedenenunterhalt zu beanspruchen, so sollte dieser Unterhaltsanspruch mangels Bedürftigkeit entfallen, weil zu vermuten sei, daß sein Lebensbedarf von seinem nichtehelichen Partner gedeckt werde, dieser ihm also Unterhalt leiste. Der an sich Unterhaltsberechtigte sollte diese Vermutung allerdings widerlegen können[66].

---

[64] *Müller-Freienfels* (Anm. 24), S. 260, Fn. 2; *Thomas* (Anm. 24), S. 66–73; *Neuhaus* (Anm. 43), S. 106.

[65] BVerfGE 29, 166, 176.

[66] OLG Köln FamRZ 1978, 252; OLG Bremen NJW 1978, 1331; OLG Celle FamRZ 1979, 119 f.; OLG Frankfurt FamRZ 1979, 438; OLG Bamberg FamRZ 1979, 515; OLG Hamm FamRZ 1979, 819 ff.; OLG Karlsruhe FamRZ 1979, 928; einen anderen Weg beschritten das OLG Hamburg (FamRZ 1978, 118 f.) und das AG Pinneberg (FamRZ 1978, 119 ff., Vorlegungsbeschluß), die das außereheliche Zusammenleben eines Ehegatten mit einem Dritten während der Trennungsfrist als Unterhaltsversagungsgrund nach § 1579 Abs. 1 Nr. 4 BGB ansahen.

Da zu erwarten war, daß – spätestens nach Kenntnis dieser Rechtsprechung – der unterhaltsberechtigte Ehegatte diesen Gegenbeweis durch das Zeugnis seines nichtehelichen Partners in aller Regel würde führen können, wollte das OLG Karlsruhe solche Leistungen des nichtehelichen Partners an den unterhaltsberechtigten Ehegatten sogar fingieren. Selbst wenn der unterhaltsberechtigte Ehegatte nachweisen könne, daß er von seinem nichtehelichen Partner keinen oder keinen vollen Unterhalt erhalte, solle ihm ein fiktives Einkommen für geldwerte Dienste, die er seinem Partner unentgeltlich leiste, auf seinen Unterhaltsanspruch angerechnet werden[67]. Im Ergebnis wurde damit ein Unterhaltsanspruch nach §§ 1361, 1569 ff. BGB gegen den Ehegatten ganz oder teilweise ausgeschlossen, weil der Lebensbedarf des unterhaltsberechtigten Ehegatten von seinem nichtehelichen Partner insoweit zu decken sei.

Der Bundesgerichtshof hat diese oberlandesgerichtliche Rechtsprechung, die meistens mit einem Hinweis auf § 122 BSHG begründet wurde, mit Recht in einem Urteil vom 26. 9. 1979 nicht bestätigt[68]. Nach § 122 S. 1 BSHG – soweit ersichtlich die einzige Rechtsnorm, in der die nichteheliche Lebensgemeinschaft ausdrücklich erwähnt wird – dürfen Personen, die in einer eheähnlichen Gemeinschaft leben, hinsichtlich der Voraussetzungen sowie des Umfangs der Sozialhilfe nicht besser gestellt werden als Ehegatten. Es soll also verhindert werden, daß hinsichtlich der Gewährung staatlicher Leistungen bei vergleichbaren äußeren Lebensbedingungen Eheleute schlechter behandelt werden als nicht verheiratete Personen. Eine solche Handhabung würde sich auch nicht mit Art. 6 Abs. 1 GG vereinbaren lassen[69]. Das bedeutet etwa, daß bei nichtehelichen Lebensgemeinschaften ebenso wie bei nicht getrenntlebenden Ehegatten für die Gewährung und die Bemessung der Sozialhilfeleistungen das Einkommen und das Vermögen beider Partner – und zwar nicht nur im Falle der widerlegbaren Vermutung des § 16 BSHG[70] – zugrundezulegen ist (§§ 122 S. 1, 11 Abs. 1 BSHG). Somit werden die

---

[67] OLG Karlsruhe FamRZ 1979, 928.

[68] BGH NJW 1980, 124.

[69] *Schellhorn/Jirasek/Seipp*, BSHG, 9. Aufl. 1977, § 122, Rdnr. 1; vgl. BT-Drs. 3/1799, S. 61; *Ohlenburger/Bauer* (Anm. 8), S. 113–117; *Rüfner*, Sozialrecht und nichteheliche Lebensgemeinschaft, in: *Landwehr* (Anm. 5), S. 84, 86 ff.; ders., SchlHA 1979, 65, 67.

[70] BVerwGE 39, 261, 267 f.; *Knopp/Fichtner*, BSHG, 4. Aufl. 1979, § 122, Rdnr. 5, 6; heute einhellige Meinung.

Nachteile, die sich aus der Ehe ergeben, auf die Partner der nichtehelichen Lebensgemeinschaft übertragen. Die Bedürftigkeit im Sinne des Sozialrechts wird also unter Zugrundelegung der faktischen wirtschaftlichen Verhältnisse beider Partner bestimmt. Deshalb wird die Bedürftigkeit des Hilfesuchenden grundsätzlich durch alles beeinflußt, was er, gleich aus welchem Grund, zur Bestreitung seines Lebensunterhalts *tatsächlich* erhält.

Der Bundesgerichtshof hat zutreffend darauf hingewiesen, daß dieser Begriff der Bedürftigkeit im Sinne des BSHG wegen der gänzlich anderen Zielsetzung dieses sozialrechtlichen Gesetzes keinesfalls auf das Unterhaltsrecht des BGB übertragen werden könne. Leistungen, die ein Partner einer nichtehelichen Lebensgemeinschaft dem anderen ohne jede rechtliche Verpflichtung tatsächlich gewährt, führen grundsätzlich nicht dazu, daß dessen sonst gegebener Unterhaltsanspruch beispielsweise gegen seinen geschiedenen Ehegatten entfällt; denn die Anrechenbarkeit derartiger freiwilliger Zuwendungen hängt regelmäßig von der Zweckbestimmung des Dritten, also des Partners aus der nichtehelichen Gemeinschaft, ab, dessen Wille nur in den seltensten Fällen darauf gerichtet sein dürfte, neben seinem Partner dessen früheren Ehegatten, der an sich unterhaltspflichtig ist, zu begünstigen und im Ergebnis zu entlasten.

Nicht unbedenklich erscheint es aber, wenn der Bundesgerichtshof in seiner Entscheidung vom 23.4.1980[71] mit Hilfe des auf eine andere Interessenlage zugeschnittenen § 850h Abs.2 ZPO (Gläubigerschutz) Gegenleistungen des nichtehelichen Partners an den an sich unterhaltspflichtigen Ehegatten für dessen tatsächlich erbrachte Dienstleistungen fingieren will, die dessen Unterhaltsbedürftigkeit herabsetzen oder gar ausschließen sollen.

Eine Anrechnung tatsächlich erbrachter Leistungen Dritter auf den Unterhaltsanspruch kann nur in Betracht kommen, soweit sie im Einzelfall ein Entgelt für die Wohnungsgewährung, die Führung des Haushalts oder sonstige Versorgungsleistungen darstellen. Nur in Höhe dieses Gegenwerts können solche Zuwendungen, die dem Unterhaltsberechtigten von seinem nichehelichen Partner zufließen, als auf den Unterhaltsanspruch anrechenbares Einkommen angesehen werden[72].

Im übrigen kommt eine Minderung oder der Ausschluß des Unterhaltsanspruchs nur unter den Voraussetzungen des § 1579 Abs.1 Nr.4

---

[71] NJW 1980, 1686.
[72] BGH NJW 1980, 124, 126.

BGB in Betracht. Dieser Weg scheitert jedoch, wenn von dem Unterhaltsberechtigten wegen der Pflege oder Erziehung eines gemeinschaftlichen Kindes eine Erwerbstätigkeit nicht verlangt werden kann (§ 1579 Abs. 2 BGB). In dieser rechtspolitisch verfehlten Einschränkung, die teilweise sogar als verfassungswidrig angesehen wird[73], liegt der tiefere Grund dafür, daß die Rechtsprechung zur Vermeidung unbilliger Ergebnisse Ansprüche oder Leistungen zwischen den Partnern einer nichtehelichen Lebensgemeinschaft widerlegbar vermutet oder fingiert[74].

Es ist jedoch nach geltendem Recht nicht angängig, Unterhaltsleistungen des nichtehelichen Partners zu fingieren oder auch nur zu vermuten, um auf diese Weise einerseits Unterhaltsansprüche gegenüber Dritten zu verkürzen oder auszuschließen und andererseits faktisch Unterhaltspflichten zwischen den Partnern einer nichtehelichen Lebensgemeinschaft zu begründen.

c) Desgleichen ist es nicht angängig, § 1357 BGB im Wege der Analogie auf die nichteheliche Lebensgemeinschaft zu übertragen. Zwar liegt bei den Geschäften zur angemessenen Deckung des Lebensbedarfs, die ein Partner aus einer nichtehelichen Gemeinschaft tätigt, die Frage durchaus nahe, ob nicht dessen Gläubiger gerechterweise den gleichen Schutz verdienen, den ihnen die Haftungsgemeinschaft der Ehegatten bietet. Auch könnte man auf eine verfassungswidrige Benachteiligung der Ehegatten schließen, wenn man den Anwendungsbereich des § 1357 BGB allein auf sie beschränken würde. Die h. M.[75] lehnt es zu Recht ab, § 1357 BGB auf die nichteheliche Lebensgemeinschaft auszudehnen, zum einen weil die Schlüsselgewalt unmittelbar in der institutionellen Ordnung der Ehe wurzelt, zum anderen weil die Ehe die Nachteile der Gesamthaftung nach außen auf dem Wege des Unterhalts- und Güterrechts ausgleicht. Es ist allerdings nicht schlechthin ausgeschlossen, daß neben dem unmittelbar in Erscheinung tretenden Partner aus der nichtehelichen Gemeinschaft auch der andere Teil in die Haftung mit einbezogen wird. Gibt jemand seine Partnerin Dritten gegenüber als seine

---

[73] So AG Pinneberg FamRZ 1978, 119; AG Lörrach FamRZ 1978, 412; AG Darmstadt FamRZ 1979, 507; dagegen allerdings BGH FamRZ 1980, 665 ff.; OLG Stuttgart FamRZ 1979, 40; OLG Frankfurt FamRZ 1979, 438 f.

[74] Vgl. die in Anm. 66, 68, 71 zitierten Entscheidungen.

[75] U. a. *Müller-Freienfels*, Zur heutigen „Schlüsselgewalt", in: Festschrift für Heinrich Lehmann, 1956, I. Bd., S. 388, 412 f.; *Stückradt* (Anm. 8), § 10; *Ohlenburger/Bauer* (Anm. 8), S. 98 ff.; *Käppler*, AcP 179, 245, 285 f.; *Wacke*, NJW 1979, 2585, 2587 m. w. N.

Ehefrau aus oder duldet er, daß sie sich als solche bezeichnet und am Rechtsleben teilnimmt, so muß er nach den Grundsätzen der Anscheins- und Duldungsvollmacht für alle Geschäfte der Partnerin einstehen, die tatbestandsmäßig unter § 1357 BGB fallen würden[76].

2.

Vereinzelt wird im Schrifttum erwogen, den Vermögensausgleich für die Zeit, in der die Partner der nichtehelichen Lebensgemeinschaft gemeinsam gewirtschaftet haben, durch *analoge Anwendung* der Bestimmungen *des Verlöbnisrechts* (§ 1298 BGB) herbeizuführen[77]. Das ist jedoch ebenfalls nicht möglich. Das Verhältnis der Verlobten zueinander unterscheidet sich in einem wesentlichen Punkt grundlegend von dem der Partner einer nichtehelichen Gemeinschaft. Die Verlobten haben sich gegenseitig versprochen, die Ehe miteinander einzugehen. Das Gesetz knüpft an den Bruch dieses Versprechens die Sanktion einer Vertrauenshaftung, gerichtet auf das negative Interesse; der verlassene Teil soll geschützt werden, weil und soweit er in berechtigter Weise auf den Abschluß der Ehe vertraut hat[78].

Die Partner einer nichtehelichen Gemeinschaft haben in aller Regel ein solches Versprechen gerade nicht abgegeben. Sie wollen ihre Gemeinschaft fortführen, „so lange es gut geht", und haben infolgedessen auch keine Bereitschaft zur Eheschließung erkennen lassen. Damit fehlt es an dem für das Verlöbnis kennzeichnenden Vertrauenstatbestand. Nichteheliche Lebensgemeinschaft und Verlöbnis sind daher in diesem entscheidenden Punkt nicht miteinander vergleichbar, so daß sich schon deshalb eine Analogie verbietet. Im Ergebnis spielt es keine Rolle, wie man das Verlöbnis rechtsdogmatisch einordnet und die aus ihm resultierende Haftung begründet.

Abgesehen davon scheidet ein Vermögensausgleich für die Zeit des gemeinschaftlichen Wirtschaftens selbst in einem Verlöbnis aus. Das, was die Partner zur Versorgung des anderen oder zum gemeinsamen

---

[76] *Stückradt* (Anm. 8), S. 82 ff.; *Käppler*, AcP 179, 245, 286; *Wacke*, NJW 1979, 2585, 2587; für eine analoge Anwendung von § 1357 BGB in diesen Fällen *Dölle*, Familienrecht, Bd. I, 1964, § 45 V 5; *Weimar*, MDR 1977, 464, 466.

[77] *Evans v. Krbek*, JA 1979, 236, 241 f.

[78] *Canaris*, AcP 165, 1, 10 ff.; *ders.*, Vertrauenshaftung im deutschen Privatrecht, 1971, S. 544; vgl. zum Meinungsstand über die Rechtsnatur des Verlöbnisses und die aus ihm erwachsende Haftung MK – *Wacke*, § 1297, Rdnr. 4–6.

Unterhalt aufgewendet haben, ist nach der zutreffenden herrschenden Meinung selbst unter Verlobten nicht auszugleichen[79]. Derartige Aufwendungen sind nämlich nicht „in Erwartung der Ehe" gemacht worden, wie es § 1298 BGB voraussetzt, sondern in deren Vorwegnahme. Selbst bei Bejahung einer Analogie zum Verlöbnisrecht[80] würde dies also keinesfalls einen Vermögensausgleich für die Zeit des gemeinschaftlichen Wirtschaftens herbeiführen können.

3.

Nachdem familienrechtliche Regelungen für eine Lösung der vermögensrechtlichen Fragen zwischen den Partnern nichtehelicher Lebensgemeinschaften ausscheiden, läßt sich eine vermögensrechtliche Abwicklung möglicherweise über das *Gesellschaftsrecht*, vor allem das Institut der *Innengesellschaft*, erreichen. Rechtsprechung und Schrifttum haben sich im Zusammenhang mit der nichtehelichen Lebensgemeinschaft nur vereinzelt zu einer gesellschaftsrechtlichen Lösung bekannt[81]. Überwiegend wird die nichteheliche Lebensgemeinschaft nicht als Innengesellschaft anerkannt, wofür gewiß auch die schon bei der Ehegatteninnengesellschaft bestehenden Schwierigkeiten sprechen[82].

Die Innengesellschaft ist dadurch gekennzeichnet, daß bei ihr jede Außenwirkung fehlt. Es besteht kein Gesamthandsvermögen. Ein Handeln für die Gesellschaft scheidet aus. Nach innen gilt hingegen Gesellschaftsrecht. Der Bundesgerichtshof nimmt zwischen Ehegatten eine Innengesellschaft an, wenn sich feststellen läßt, daß die Ehegatten abredegemäß durch beiderseitige Leistungen einen über den typischen Rahmen der Ehe hinausgehenden Zweck verfolgen, indem sie zum Beispiel durch Einsatz von Vermögenswerten und Arbeitsleistungen ein Vermögen aufbauen oder gemeinsam eine berufliche oder gewerbliche Tätigkeit ausüben[83].

---

[79] BGH FamRZ 1960, 129; dazu *Richter*, Anm. FamRZ 1960, 267; OLG Celle OLGZ 1970, 326; OLG Frankfurt NJW 1971, 470; ebenso *Gernhuber* (Anm. 43), § 8 V 1; a. A. RG LZ 1917, 687; *Evans v. Krbek*, JA 1979, 236, 241 f.; *Strätz*, FamRZ 1980, 434 ff.

[80] *Evans v. Krbek*, JA 1979, 236, 241 f.

[81] BGH FamRZ 1965, 368 f.; OLG Düsseldorf FamRZ 1978, 109; *Battes*, ZHR 1979, 385 ff.; *Meier-Scherling*, DRiZ 1979, 296 f.

[82] BGH FamRZ 1970, 19 f.; nicht einmal erwogen in BGHZ 35, 103; ebenso abgelehnt von OLG Hamburg FamRZ 1958, 61 f.; OLG Düsseldorf, NJW 1979, 1509; OLG Saarbrücken NJW 1979, 2050 f.; *Derleder*, NJW 1980, 545, 547 ff.

[83] Z. B. BGH FamRZ 1975, 35 f.; *Maiberg*, DB 1975, 385 m. w. N.

Für die Heranziehung des Gesellschaftsrechts zur Bewältigung der sich bei der nichtehelichen Gemeinschaft ergebenden Probleme spricht zunächst, daß die nichteheliche Lebensgemeinschaft tatbestandsmäßig eher gesellschaftsähnliche als familienrechtliche Züge trägt. Auf den ersten Blick erscheint es möglich, durch Rückgriff auf die Regeln der Innengesellschaft eine gerechte Auseinandersetzung einer nichtehelichen Gemeinschaft nach ihrem Scheitern zu erreichen. So hatte sich beispielsweise die Rechtsprechung mit Ausgleichsansprüchen zu befassen in Fällen, in denen ein Gemeinschafter zum Hausbau[84], zum Erwerb eines Kraftfahrzeugs[85] oder einer Wohnungseinrichtung[86] beigetragen hatte und der andere Partner Alleineigentümer geblieben war. Ähnlich gelagert ist der Fall, daß ein Partner eine Darlehensschuld begründet hatte, das Geld aber für gemeinsame Zwecke verwendet worden ist.

Die Regeln über die Innengesellschaft scheinen hier einen gerechten Ausgleich zu ermöglichen: Nach Beendigung der Gesellschaft wird durch einen von der dinglichen Zuordnung der einzelnen Vermögenswerte unabhängigen Zahlungsanspruch demjenigen ein finanzieller Ausgleich zugebilligt, der den geringeren Vermögenszuwachs erzielt hat. Bei genauerer Betrachtung erweist sich das Gesellschaftsrecht aber als nur sehr bedingt geeignetes Instrumentarium. Zunächst einmal vermag das Gesellschaftsrecht keinen Ersatz für die in die Gesellschaft eingebrachten verschlechterten oder durch Zufall untergegangenen Gegenstände zu verschaffen (§ 732 BGB). Ebensowenig gewährt es Ersatz für solche Einlagen, die in der Leistung von Diensten oder in der Überlassung von Gegenständen bestanden haben (§ 733 Abs. 2 BGB). Das Gesellschaftsrecht vermag daher, wenn überhaupt, nur Teillösungen anzubieten, die bei dem häufig aufkommenden Streit darüber, ob etwa Ersatz für Leistungen im Haushalt oder ein Entgelt für ge- oder verbrauchte Gegenstände gefordert werden kann, keine Lösung bieten. Das Gesellschaftsrecht kann im wesentlichen nur dann hilfreich sein, wenn es sich um den Ausgleich von Investitionen handelt, die ein Partner vorgenommen hat und deren Früchte nur einem zugeflossen sind.

Will man die Probleme, die sich bei der Abwicklung einer nichtehelichen Lebensgemeinschaft ergeben, mit Hilfe des Gesellschaftsrechts lösen, so stößt man auf eine Reihe von Schwierigkeiten, von denen

---

[84] BGH FamRZ 1965, 368; OLG Hamm NJW 1980, 1530.
[85] OLG Düsseldorf FamRZ 1978, 109.
[86] BGH FamRZ 1970, 19; OLG Hamburg FamRZ 1958, 61.

einige behandelt werden sollen. Problematisch ist zunächst einmal, ob und wann überhaupt ein Gesellschaftsvertrag zwischen den Beteiligten abgeschlossen ist. Zweifelhaft ist ferner, welche Anforderungen an den Gesellschaftszweck zu stellen sind, nach welchen Kriterien das Gesellschafts- vom Privatvermögen der Beteiligten abzugrenzen ist und schließlich, welche Maßstäbe zur Aufteilung des Gesellschaftsvermögens heranzuziehen sind.

a) Da die Partner einer nichtehelichen Gemeinschaft in aller Regel keinen ausdrücklichen Gesellschaftsvertrag abschließen, läßt sich dieser überhaupt nur mit Hilfe von Willensfiktionen als „stillschweigend" begründetes Vertragsverhältnis konstruieren. Ausgangspunkt ist häufig das „faktische" Handeln der Partner, der in ihrem Verhalten erkennbare äußere Wille zum gemeinsamen durch Absprachen geregelten Wirtschaften. Das gilt vor allem dann, wenn sich die Partner darüber verständigt haben, daß bei allen Einkäufen jeder die Hälfte der Kosten zu tragen hat. Gilt ein solches Übereinkommen, so soll nach *Battes*[87] auch die über eine längere Zeit festgehaltene Übung als eine den Anforderungen des § 705 BGB genügende Willenserklärung angesehen werden. Ähnlich äußerte sich der Bundesgerichtshof für die Ehegatteninnengesellschaft[88], indem er darauf abstellte, ob die Ehegatten sich im Laufe der Jahre so verhalten haben, daß die Annahme einer Gesellschaft gerechtfertigt ist. Dabei bleibt jedoch offen, wie der Zeitpunkt des Vertragsschlusses zu bestimmen ist, von dem an die Regeln des Gesellschaftsrechts gelten sollen. Gernhuber hat mit Recht den Vorwurf erhoben, bei der Annahme eines Vertragsschlusses durch bloße Faktizität werde der Begriff der Willenserklärung bis zur Unkenntlichkeit denaturiert[89].

Wer eine Lösung über die Innengesellschaft sucht, nimmt in der Sache Zuflucht zu einer freien Rechtsfindung, weil ein geeignetes gesetzliches Instrumentarium fehlt[90].

b) Läßt man die Problematik des Vertragsschlusses einmal außer acht und fingiert den Willen zu einem solchen Vertragsabschluß mehr oder weniger willkürlich, so ist es bei nichtehelichen Gemeinschaften leich-

---

[87] ZHR 1979, 385, 394.
[88] BGH LM Nr. 5 zu § 705 BGB.
[89] Lehrbuch des Familienrechts, 2. Aufl. 1971, § 20 II 3; ebenso *Fenn*, Die Mitarbeit in den Diensten Familienangehöriger, 1970, S. 450 ff.
[90] Ebenso bei der Ehegatteninnengesellschaft, *Schlüter* (Anm. 46), § 9 II 3 d.

ter, den erforderlichen Gesellschaftszweck zu definieren als bei einer Ehe. Für die Ehegatteninnengesellschaft ist es nach der ständigen Rechtsprechung des Bundesgerichtshofs[91] erforderlich, daß sich die Ehegatten in den Dienst einer gemeinsamen, über die Verwirklichung der eigentlichen ehelichen Lebensgemeinschaft hinausgehenden Aufgabe gestellt haben. Es genügt für die Ehegatteninnengesellschaft daher nicht eine gemeinsame Tätigkeit, die wesentlich darauf abzielt, die eheliche Lebensgemeinschaft zu verwirklichen[92]. Bei der nichtehelichen Lebensgemeinschaft reicht es – anders als bei der Ehe – zur Bejahung des Gesellschaftszwecks aus, daß von den Partnern lediglich eine gemeinsame Erfüllung der Lebensbedürfnisse, wie Wohnung, Heizung, Ernährung, Urlaubsgestaltung bezweckt wird[93]. Während den Ehegatten hierfür die „Grundverbindung" ihrer Ehe zur Verfügung steht, fehlt bei den Partnern einer nichtehelichen Gemeinschaft eine derartige „Grundverbindung"; denn ihre personalen Beziehungen haben – anders als bei Ehegatten – weniger einen rechtlichen als einen faktischen Charakter[94]. Diesen Unterschied haben das OLG Saarbrücken[95] und das OLG Hamm[96] verkannt; sie überspannen die an den Gesellschaftszweck zu stellenden Anforderungen, indem sie auch bei der nichtehelichen Lebensgemeinschaft einen über die gemeinsame Lebensführung hinausgehenden Zweck verlangen.

c) Selbst nach der Ansicht von *Battes*[97], der sich nachdrücklich für die gesellschaftsrechtliche Lösung ausgesprochen hat, werden bei der Bestimmung des Privatvermögens und des Gesellschaftsvermögens die Grenzen deutlich, die dem Gesellschaftsrecht für die Regelung der nichtehelichen Lebensgemeinschaft gesetzt sind. Nach dem zu vermutenden Willen der Parteien sollen mit Sicherheit solche Vermögensstücke nicht ohne weiteres in das Gesellschaftsvermögen überführt werden, die ihnen bereits vor Entstehen der Gesellschaft gehörten. Ebenso ist es verfehlt, die gesamten während des Bestehens der Gesellschaft erzielten Einkünfte und zum Konsum verwendeten Gegenstände dem Gesell-

---

[91] BGH WM 1974, 947, 1162; BGHZ 31, 197, 201.
[92] *Johannsen*, WM 1978, 502, 505; BGH FamRZ 1961, 431 f.; OLG Köln DNotZ 1967, 501.
[93] Ebenso *Battes*, ZHR 1979, 385, 394.
[94] Vgl. für Verlobte OLG Düsseldorf DNotZ 1974, 169 f.
[95] NJW 1979, 2050 f.
[96] NJW 1980, 1530.
[97] ZHR 1979, 385, 398 ff.

schaftsvermögens zuzuordnen. Das liefe auf eine Zugewinn- oder Güter-
gemeinschaft hinaus, die als typisch eherechtliche Institute von den
Beteiligten gerade nicht gewollt sind. Zutreffend meint *Strätz*[98], wer in
solchem Umfang gesichert sein wolle, müsse das entweder ausdrücklich
vereinbaren oder heiraten. Es muß schließlich auch der Wertungswider-
spruch vermieden werden, der entstehen würde, wenn man Verlobten
aufgrund der abschließenden Haftungsvorschriften des Verlöbnisrechts
einen nachträglichen Ausgleich ihrer Lebenshaltungskosten versagen[99],
den Partnern einer nichtehelichen Lebensgemeinschaft einen entspre-
chenden Ausgleich über das Gesellschaftsrecht aber zubilligen würde.
Wie bereits ausgeführt, können in aller Regel nur solche Vermögenswerte gesellschaftsrechtlich ausgeglichen werden, die gemessen am konkreten Lebenszuschnitt der Partner, auf beträchtlichen Investitionen
beruhen, wie etwa der gemeinsame Bau eines Hauses. Nur in solchen
Ausnahmefällen kann mit einiger Wahrscheinlichkeit und ohne Über-
strapazierung des Parteiwillens erwartet werden, daß die Partner nach-
weislich eine Zuordnung entweder zum Gesellschafts- oder zu ihrem
jeweiligen Privatvermögen vorgenommen haben und sich darüber klar
geworden sind, ob sie nur die gemeinsame Nutzung oder auch die
gemeinsame wirtschaftliche Beteiligung wollten[100].

d) Große Schwierigkeiten bereitet schließlich die Frage, nach welchen Maßstäben die Auseinandersetzung nach Auflösung dieser Innengesellschaft zu vollziehen ist. *Battes*[101] weist zutreffend darauf hin, daß die
Beziehungen der Partner normalerweise nicht auf dem Prinzip des „do ut
des" beruhen, sondern vielmehr den Charakter einer Solidargemein-
schaft haben. Diesem „Geist" der Gemeinschaft dürfte es am besten
entsprechen, die nach Berichtigung der Schulden noch vorhandenen
Vermögenswerte nach § 722 Abs. 1 BGB gleichmäßig im Verhältnis 1:1
aufzuteilen.

---

[98] FamRZ 1980, 436, 437.

[99] So BGH FamRZ 1960, 129; OLG Celle OLGZ 1970, 326 ff.; OLG Frankfurt NJW 1971, 470 f.; ebenso *Richter*, FamRZ 1960, 267; *Gernhuber* (Anm. 43),
§ 8 V 1.

[100] So auch *Strätz* (FamRZ 1980, 436, 437), a. A. *Derleder* (NJW 1980, 547,
551), der die Anwendung des Gesellschaftsrechts grundsätzlich ablehnt, andererseits aber einzelne gesellschaftsrechtliche Vorschriften analog anwenden will,
soweit der Erwerb eines Vermögenswerts das einzige oder im Verhältnis zu
anderen beherrschende gemeinsame Vermögensprojekt ist.

[101] ZHR 1979, 385, 396.

4.

Auch die Regeln über den *Widerruf einer Schenkung* (§§ 530, 531, 812 BGB) erweisen sich für die Abwicklung einer gescheiterten nichtehelichen Lebensgemeinschaft nur in seltenen Ausnahmefällen als hilfreich.

Der Bundesgerichtshof hat in seiner neueren Rechtsprechung jedoch zutreffend anerkannt, daß eine Rückforderung von Geschenken wegen groben Undanks im Hinblick auf § 817 S. 2 BGB nicht allein deshalb ausgeschlossen ist, weil Schenker und Beschenkter in einem nichtehelichen Verhältnis zusammengelebt haben[102]. Nach einer früheren Entscheidung sollten solche unentgeltlichen Zuwendungen wegen § 817 S. 2 BGB nicht rückforderbar sein, die „ihrer Art nach ersichtlich zur Ermöglichung des Konkubinats" gedient hatten, „also etwa Geldbeträge zur gemeinsamen Lebensführung"[103].

Die Rückforderung derartiger Zuwendungen über die Schenkungsregeln ist also nicht deshalb ausgeschlossen, weil Leistender und Empfänger damit gegen die guten Sitten verstoßen haben, sondern weil es sich bei diesen Zuwendungen zur Deckung des täglichen Lebensbedarfs der Partner nicht um Schenkungen handelt. Die für eine Schenkung notwendige Vereinbarung über die Unentgeltlichkeit fehlt. Derartige Zuwendungen stellen vielmehr freiwillige Unterhaltsleistungen[104] dar, die auch bei natürlicher Betrachtungsweise nicht als Geschenke an den Partner anzusehen sind. Das gilt besonders dann, wenn dieser den gemeinsamen Haushalt führt. Sie werden dann aufgrund einer sittlichen Pflicht, aus Solidarität oder auch deshalb erbracht, um die Fortsetzung der Gemeinschaft zu ermöglichen. Die Anwendung der §§ 530, 531, 812 BGB scheidet also aus, weil es bereits am Tatbestand einer Schenkung fehlt.

Nach Schenkungsrecht zurückgefordert werden können allein solche Zuwendungen, die nicht alltäglich erfolgen, die auf selbstlosen Motiven beruhen und nicht bloße Folgen der aus der Gemeinschaft erwachsenen Sachzwänge sind. Das dürfte etwa anzunehmen sein, wenn ein Partner dem anderen Luxusgüter oder besonders wertvolle Güter zuwendet, wie Schmuck, ein Haus, eine Eigentumswohnung, ein Kraftfahrzeug oder ähnliches, oder wenn er Schulden des anderen begleicht, die aus der Zeit vor Eingehung der Gemeinschaft stammen. Grober Undank im

---

[102] BGHZ 35, 103; ebenso OLG Hamm NJW 1978, 224.
[103] BGH FamRZ 1960, 129.
[104] Ebenso *Schwab*, Zivilrecht und nichteheliche Lebensgemeinschaft, in: *Landwehr* (Anm. 5), S. 61, 66.

Sinne von § 530 BGB kann aber auch hier nicht allein in dem Verlassen des Partners erblickt werden, weil niemand nach den Absprachen der Beteiligten auf den Bestand dieses Verhältnisses vertrauen durfte. Der Leistende kann aber erwarten, daß der andere die Beziehungen nicht selbstsüchtig ausnutzt. Ein Beispiel hierfür bietet die Entscheidung des OLG Hamm[105]: Der Mann hatte der Frau vorgetäuscht, ein treuer, liebevoller Partner zu sein und sie dazu veranlaßt, seine erheblichen Schulden zu tilgen. Gleichzeitig unterhielt er sexuelle Beziehungen zu mehreren anderen Frauen. Hier hat das Oberlandesgericht mit Recht einen Widerruf der Schenkung zugelassen.

5.

In Ausnahmefällen kann ein Vermögensausgleich über das *Bereicherungsrecht* (§ 812 Abs. 1 S. 2 BGB), nämlich die condictio causa data, causa non secuta herbeigeführt werden, wenn die nichteheliche Gemeinschaft beendet worden ist. Dieses Vorgehen liegt dann nahe, wenn die Partner in einer Art „Ehe auf Probe" gelebt haben, die einem Verlöbnis ähnelt, in der also die beiderseitige Erwartung bestand, man werde in absehbarer Zeit die Ehe eingehen, ohne sich das besonders versprochen zu haben. Arbeitet beispielsweise in einem solchen Fall ein Partner unentgeltlich im Gewerbebetrieb des anderen mit und kommt es nicht zu der beabsichtigten Eheschließung, so begründet das einen Anspruch aus ungerechtfertigter Bereicherung wegen Zweckverfehlung[106].

Haben die Partner dagegen in einer unverbindlicheren Form zusammengelebt, indem sie davon ausgingen, sich zu trennen, wenn das von ihnen vorausgesetzte Maß an gegenseitiger Zuneigung nicht mehr bestehen würde, so fällt es schwer, bei dieser Motivation eine Zweckverfehlung im Sinne des § 812 Abs. 1 S. 2 BGB anzunehmen. Derjenige, der jederzeit damit rechnen muß, daß die eingegangene Gemeinschaft von seinem Partner ohne greifbare Gründe gelöst wird, und der sich auch seinerseits dieses Recht vorbehalten hat, kann bei einer Trennung nicht von einer Zweckverfehlung sprechen und dementsprechend kondizieren, wenn er Investitionen vorgenommen hat, die einer derartig instabilen Gemeinschaft zugeflossen sind. Bei dieser Sachlage erschöpft sich der verfolgte Zweck darin, etwa benötigte Gegenstände anzuschaffen und sie so lange gemeinsam zu nutzen, wie die Gemeinschaft besteht. Es wäre

---

[105] NJW 1978, 224.
[106] OLG Stuttgart NJW 1977, 1779.

nicht angebracht, demjenigen, der die rechtlichen Bindungen einer Ehe abgelehnt hat, später, wenn diese rechtlich unverbindliche Gemeinschaft gescheitert ist, Kondiktionsansprüche einzuräumen, mit denen er gemeinsam geschaffene Vermögenswerte kondizieren kann. Im Ergebnis besteht hierüber in Rechtsprechung und Schrifttum Einigkeit[107].

V.

Die bisherigen Überlegungen dürften gezeigt haben, daß sich eine befriedigende vermögensrechtliche Auseinandersetzung der nichtehelichen Lebensgemeinschaft mit dem vorhandenen gesetzlichen Instrumentarium häufig nicht erreichen läßt. Mit der Ablehnung der Ehe haben sich die Partner einer nichtehelichen Lebensgemeinschaft des Schutzes begeben, den die Scheidungsfolgenregelung Eheleuten beim Scheitern ihrer Gemeinschaft gewährt. Deswegen erscheint es geboten, daß sie ihre vermögensrechtlichen Beziehungen durch eindeutige vertragliche Vereinbarungen sowohl für die Zeit des Bestehens ihrer Gemeinschaft als auch für die Zeit danach ordnen. Für diese Zwecke existieren inzwischen schon verschiedene mehr oder weniger instruktive Formularbücher.

1.

Der Vertragsfreiheit der Beteiligten sind in zweifacher Hinsicht Grenzen gesetzt:

Ihre Vereinbarungen dürfen, wie jedes andere Rechtsgeschäft, keinen sittenwidrigen Inhalt haben (§ 138 BGB). Die Partner der nichtehelichen Lebensgemeinschaft können durch ihre Vereinbarungen im Innenverhältnis nicht gleichzeitig die Rechtspositionen Dritter schmälern.

a) Vereinbarungen zwischen nicht miteinander verheirateten Personen verstoßen im Normalfall nicht gegen die guten Sitten und sind deshalb nicht nach § 138 BGB nichtig. Der Bundesgerichtshof hat schon in einer Entscheidung aus dem Jahre 1965[108] sinngemäß ausgeführt, es

---

[107] Vgl. z.B. BGH FamRZ 1960, 129; OLG Celle OLGZ 1970, 326; OLG Frankfurt FamRZ 1971, 646; *Strätz*, FamRZ 1980, 435; sowie *Derleder* (NJW 1980, 548), der zur Begründung § 814 BGB heranzieht. Diese Vorschrift gilt jedoch nur für Leistungen, die zum Zwecke der Erfüllung einer Verbindlichkeit erbracht werden. Eine solche Verbindlichkeit besteht aber zwischen den Partnern einer nichtehelichen Lebensgemeinschaft nicht.
[108] BGH FamRZ 1965, 368 f.

bestehe kein Grund für die Annahme einer Sittenwidrigkeit nach § 138 BGB, wenn die Partner mit ihren Vereinbarungen eine materielle Sicherung für die Zukunft anstrebten und hierfür Vermögenswerte schafften. Die höchstrichterliche Rechtsprechung ist, wie die Fälle des Geliebtentestaments zeigen, in den letzten Jahrzehnten in der Annahme einer Sittenwidrigkeit selbst dann sehr zurückhaltend, wenn einer der Partner noch verheiratet ist. Sie verlangt, daß das betreffende Rechtsgeschäft nach seinem Gesamtcharakter, also nach Inhalt, Beweggrund und Zweck gegen die in § 138 BGB geschützte Sittenordnung verstößt. In seiner Rechtsprechung zum Geliebtentestament hat der Bundesgerichtshof eine Sittenwidrigkeit nur dann bejaht, wenn das Rechtsgeschäft in erster Linie dazu diente, die geschlechtliche Hingabe zu entlohnen oder die Fortsetzung sexueller Beziehungen zu ermöglichen[109].

Davon kann aber nicht die Rede sein, wenn die Partner einer nichtehelichen Lebensgemeinschaft im Interesse der Sicherung ihres Lebensunterhalts und der Sicherung ihrer wirtschaftlichen Zukunft vertragliche Abreden treffen.

b) Die Beteiligten können aber durch ihre Vereinbarungen im Innenverhältnis nicht die Rechtspositionen Dritter beeinträchtigen. Ihnen ist es zwar unbenommen, sich zu gegenseitigen Unterhaltsleistungen zu verpflichten[110]. Mit ihren schuldrechtlichen Unterhaltsvereinbarungen können sie aber nicht gesetzlich bestehende Unterhaltsansprüche dritter Personen, z. B. der Kinder oder eines geschiedenen Ehegatten, verkürzen. Die gesetzlichen Unterhaltsansprüche haben eindeutig Vorrang. Selbstverständlich genießen derartige nur schuldrechtlich begründete Unterhaltsansprüche nicht den Pfändungsvorrechtsschutz des § 850 d ZPO, der nur dem gesetzlichen Unterhaltsanspruch zukommt. Es bestehen auch keine Bedenken dagegen, daß die Parteien schuldrechtlich vereinbaren, sich gegenseitig so zu stellen, wie sie stehen würden, wenn sie als Eheleute im gesetzlichen Güterstand der Zugewinngemeinschaft gelebt hätten. Nicht möglich ist es hingegen, daß die Partner einer nichtehelichen Gemeinschaft vereinbaren, daß ihre während der Ehe erworbenen Versorgungsanwartschaften nach den gesetzlichen Regeln über den Versorgungsausgleich (§§ 1587 ff. BGB) ausgeglichen werden, weil sie hierdurch in die Rechtssphäre der Sozialversicherungsträger

---

[109] BGHZ 53, 369, 376.
[110] Hierzu *Schwab* (Anm. 104), S. 61, 67; für das österreichische Recht *Mell*, Lebensgemeinschaften und Familienrecht, in: Festschrift für Demelius, 1973, S. 155, 176.

oder des Staates eingreifen würden. Ein solcher Versorgungsausgleich
kann nur bei der Auflösung einer Ehe durch eine Entscheidung des
Familiengerichts herbeigeführt werden.

2.

Welche Regelungen im einzelnen zweckmäßigerweise getroffen werden sollten, läßt sich nicht generell beantworten. Entscheidend ist hier
die konkrete Situation in der jeweiligen Lebensgemeinschaft. Es kann
unter Umständen ausreichen, daß die Partner lediglich die Eigentums-
verhältnisse an den in die Gemeinschaft eingebrachten oder während
ihres Bestehens angeschafften Gegenständen eindeutig klären. Arbeitet
ein Partner im Betrieb des anderen mit, so kann es u.U. geboten sein,
ein Arbeitsverhältnis mit allen sozial- und steuerrechtlichen Konsequenzen zu begründen. Häufig ist jedoch der ausdrückliche, möglichst schrift-
liche Abschluß eines Vertrags über eine BGB-Gesellschaft (§ 705 BGB)
angebracht.

Der nichtehelichen Lebensgemeinschaft wird im allgemeinen der
Gesellschaftsvertrag am besten gerecht. Hierzu ist es zunächst erforderlich, den Gesellschaftszweck festzulegen, der mehr oder weniger weitge-
faßt sein kann. Er kann z.B. in der gemeinsamen Lebensführung
schlechthin, dem gemeinsamen Wirtschaften, der gemeinsamen Errich-
tung eines Hauses, der Miete einer Wohnung oder ähnlichem bestehen.
Die Festlegung des Gesellschaftszwecks wird dann wiederum bedeutsam
für die Abgrenzung des Gesellschaftsvermögens vom jeweiligen Privatvermögen der Partner.

Unerläßlich ist es schließlich, sich über die zu erbringenden Beiträge zu
verständigen, die beispielsweise in Geldzahlungen, in der Einbringung
von Hausrat, eines Kraftfahrzeugs oder auch aus Dienstleistungen bestehen können. Werden vertretbare oder verbrauchbare Sachen eingebracht, so gilt nach der Vermutung des § 706 Abs. 2 BGB, daß sie
gemeinschaftliches Eigentum der Gesellschafter werden sollen. Bei
anderen Sachen (z.B. Kunstgegenständen, Antiquitäten) ist demgegenüber in aller Regel anzunehmen, daß sie nicht in das Gesellschaftsvermögen fallen sollen, sondern nur zur gemeinsamen Nutzung eingebracht
werden.

Notwendig erscheint ferner eine Regelung über das Vertretungsrecht,
das in Anlehnung an § 1357 BGB geregelt werden könnte. Besonders
wichtig sind Vereinbarungen über die Modalitäten der Auflösung der
Gesellschaft, vor allem für die Liquidation des Gesellschaftsvermögens.

VI.

Wird die nichteheliche Lebensgemeinschaft durch den Tod eines der Partner beendet, stellt sich die Frage, ob dem Überlebenden nicht in analoger Anwendung der §§ 1931, 1371 Abs. 1 BGB ein *gesetzliches Erbrecht* zusteht. Das ist von der Rechtsprechung mit Recht abgelehnt worden[111]. Eine Analogie zu diesen erbrechtlichen Bestimmungen verbietet sich aus den gleichen Gründen wie eine Analogie zu anderen ehespezifischen Normen des Ehe- und Ehescheidungsrechts. Ein gesetzliches Erbrecht nach §§ 1931, 1371 Abs. 1 BGB ist unlösbar damit verbunden, daß im Zeitpunkt des Todes des Erblassers eine rechtsgültige Ehe besteht. Dieser Zusammenhang ist besonders bei dem zusätzlichen gesetzlichen Erbteil nach § 1371 Abs. 1 BGB evident, durch den ein Zugewinnausgleich pauschal abgegolten werden soll. Abgesehen davon schließt der Gesetzgeber in § 1933 ein gesetzliches Ehegattenerbrecht sogar schon dann aus, wenn der Erblasser vor seinem Tod die Scheidung der Ehe beantragt und die Voraussetzungen für eine Ehescheidung gegeben waren.

Auch aus rechtspraktischen Gründen kann an einen so diffusen und schillernden Begriff wie den der nichtehelichen Lebensgemeinschaft keine gesetzliche Erbfolge geknüpft werden. Da von ihr die dingliche Zuordnung des Nachlasses abhängt, ist auch der Rechtsverkehr in dieser Frage auf klare und eindeutige Verhältnisse angewiesen.

Die Partner einer nichtehelichen Lebensgemeinschaft können sich daher nur durch Verfügungen von Todes wegen letztwillig bedenken.

VII.

Vielfältige Probleme tauchen bei der Frage auf, inwieweit die nichteheliche Lebensgemeinschaft *Auswirkungen auf den Bereich privatrechtlicher Drittbeziehungen* haben kann. Eine Lösung ist nur anhand der konkreten gesetzlichen Interessenbewertung möglich.

Exemplarisch seien zwei Fragen, die eine aus dem *Mietrecht*, die andere aus dem *Recht der unerlaubten Handlung* herausgegriffen.

1.

Rechtsprechung und Schrifttum haben sich in den letzten Jahren mehrfach damit beschäftigt, ob der Mieter gegen den Willen des Ver-

---

[111] OLG Saarbrücken FamRZ 1979, 796; siehe auch LG Berlin FamRZ 1979, 503 f.

mieters eine mit ihm nicht verheiratete Person in die Wohnung aufnehmen darf.

a) Hierbei sind die Fälle unproblematisch, in denen ein unverheiratetes Paar gemeinsam eine Wohnung gemietet hat. Dieser Mietvertrag ist nicht, wie vereinzelt in der Rechtsprechung angenommen worden ist[112], nach § 138 BGB nichtig[113].

b) Ist der Vertrag aber nicht gemeinsam abgeschlossen, dann stellt sich die Frage, ob es der Vermieter hinnehmen muß, daß sein alleiniger Vertragspartner einen nicht mit ihm verheirateten Dritten in die Wohnung aufnimmt. Nach § 549 Abs. 1 BGB ist der Mieter grundsätzlich nicht berechtigt, den Gebrauch der gemieteten Sache ohne Erlaubnis des Vermieters einem Dritten zu überlassen. Nur wenn für den Mieter nach Abschluß des Vertrags ein berechtigtes Interesse entsteht, einen Teil der Wohnung einem Dritten zum Gebrauch zu überlassen, kann er nach § 549 Abs. 2 BGB vom Vermieter hierzu die Erlaubnis verlangen. Der Vermieter braucht diese Erlaubnis nicht zu erteilen, wenn in der Person des Dritten ein wichtiger Grund vorliegt, die Wohnung übermäßig belegt würde oder die Überlassung dem Vermieter aus sonstigen Gründen nicht zugemutet werden kann (§ 549 Abs. 2 S. 1, 2. Hs BGB).

Bei dieser gesetzlichen Lage ergibt sich für die nichteheliche Lebensgemeinschaft folgendes: Bestand sie bereits beim Abschluß des Mietvertrags und ist – aus welchen Gründen auch immer – nur ein Partner als Vertragspartei aufgetreten, so braucht der Vermieter die Erlaubnis nach § 549 Abs. 2 BGB, der nur von *nach* Vertragsschluß entstandenen Gründen handelt, nicht zu erteilen.

In den verbleibenden Fällen hat der Mieter einen Anspruch auf Erlaubniserteilung nur, wenn er ein berechtigtes Interesse nachweisen kann und auf Seiten des Vermieters keine wichtigen Gründe entgegenstehen. Bei der Konkretisierung dieser wertausfüllungsbedürftigen Rechtsbegriffe ist eine umfassende Abwägung der beiderseitigen Interessen unerläßlich. Es ist nicht angängig, die Nutzung der Mietsache durch einen Dritten generell zuzulassen[114], um, wie ein Berliner Amtsge-

---

[112] AG Emden NJW 1975, 1363 (die Entscheidung betraf die Mieter eines Doppelzimmers in einer Ferienpension); mit zustimmender Anm. von *Händel*, NJW 1976, 521.

[113] Ebenso *Peters/Schickedanz*, NJW 1975, 1890 f.; *Lindacher*, JR 1976, 61 ff.; *Beer*, JuS 1977, 374 ff.; *Strätz*, FamRZ 1980, 434, 437 m. w. N.

[114] So aber AG Berlin-Schöneberg NJW 1979, 2051 f.; LG Bonn NJW 1976, 1690 f. mit Anm. von *Berg*, NJW 1976, 2166; zustimmend auch BGB – RGRK – *Gelhaar*, 12. Aufl. 1978, § 549, Rdnr. 24.

richt formuliert hat, dem Mieter durch „voreheliche Aktivitäten" die durch die Verfassung gewährleistete freie Partnerwahl zu ermöglichen[115]. Ebensowenig ist es gerechtfertigt, die Erlaubnis generell zu versagen[116].

Dem Selbstentfaltungsinteresse des Mieters steht die ebenfalls durch die Verfassung geschützte Vertragsfreiheit des Vermieters, hier vor allem in Form der Abschlußfreiheit, gegenüber. Dem Vermieter steht es ebenso wie dem Mieter frei, sich die Person des Vertragspartners auszusuchen. Er braucht deshalb, wie § 549 Abs. 1 BGB klarstellt, die Mietsache grundsätzlich nur den Personen zu überlassen, die sie nach den getroffenen Vereinbarungen nutzen sollen. Nur sie sind in den Schutzbereich des Vertrags einbezogen. Nur ihnen gegenüber haftet er jedenfalls nach den Grundsätzen des Vertrags mit Schutzwirkung zugunsten Dritter[117]. Hätte es der Mieter in der Hand, die Mietsache nachträglich nach seinem Belieben auch anderen Personen zu überlassen, so könnte er einseitig das Vertragsrisiko zu Lasten des Vermieters verändern. Zu beachten ist auch, wie *Schwab*[118] ausführt, daß das Selbstentfaltungsinteresse des Mieters auf das Interesse des Vermieters trifft, daß „in seinem mit dem Eigentum oder sonstigem Besitzrecht gegebenen Bestimmungs- und Verantwortungsbereich seine ethischen Vorstellungen und Begriffe nicht grundlegend angetastet werden". Daher ist es unterschiedlich zu beurteilen, ob der Mietvertrag in einer Großstadt von einer Wohnungsbaugesellschaft über eine Wohnung in einem Hochhaus oder in einer Kleinstadt von einer Privatperson über eine Wohnung in einem Zweifamilienhaus abgeschlossen ist. Vom Fall der Überbelegung abgesehen, wird eine Wohnungsbaugesellschaft in aller Regel kein schutzwertes Interesse daran haben, die Erlaubnis nach § 549 Abs. 2 BGB zu versagen, zumal sie sie unter Umständen davon abhängig machen kann, daß der Mietzins angemessen erhöht wird. Der in einem Zweifamilienhaus zusammen mit dem Mieter wohnende Vermieter wird hingegen in aller Regel diese Erlaubnis nach § 549 Abs. 2 BGB nicht zu erteilen brauchen, es sei denn, der Mieter kann darlegen und beweisen, daß er auf die Wohngemeinschaft mit seinem Lebensgefährten angewiesen ist, etwa weil er aufgrund einer Erkrankung nicht mehr zur eigenständigen Lebensführung in der Lage ist.

---

[115] AG Berlin-Schöneberg NJW 1979, 2051 f.

[116] LG Frankfurt MDR 1976, 216; OLG Hamm FamRZ 1977, 318 ff.; LG Köln ZMR 1974, 141 f.; *Lenhard*, ZMR 1978, 68 f.; *Strätz*, FamRZ 1980, 434, 438.

[117] Kritisch *Scheepers*, ZRP 1978, 13; *Evans v. Krbek*, VersR 1978, 906.

[118] (Anm. 104), S. 61, 79.

2.

Die im Rahmen zivilrechtlicher Drittbeziehungen ebenfalls diskutierte Frage, ob die §§ 844 Abs. 2, 845 BGB auch bei der Tötung oder Verletzung des Partners aus einer nichtehelichen Gemeinschaft anzuwenden sind, ist zu verneinen. Das geltende Recht gewährt demjenigen keine Schadensersatzansprüche, der seinen Partner aus einer nichtehelichen Gemeinschaft durch eine unerlaubte Handlung eines Dritten verloren hat[119].

Da zwischen den Partnern einer nichtehelichen Lebensgemeinschaft keine gesetzlichen Unterhaltspflichten bestehen und aus diesem Verhältnis ebenfalls keine gesetzliche Pflicht zur Mitarbeit erwächst, was aber die §§ 844, 845 BGB gerade voraussetzen, wäre allenfalls eine entsprechende Anwendung dieser Vorschriften zu erwägen. Im Schrifttum finden sich nur vereinzelt Stimmen, die das befürworten. Während *Kunigk*[120] die Frage immerhin als „problematisch" ansieht, tritt *Becker*[121] für eine analoge Anwendung des § 845 BGB auf die nichteheliche Lebensgemeinschaft ein, weil „die Tatsache der Eheschließung... in unserer heutigen Gesellschaft als maßgebliches Kriterium auszuscheiden" habe[122].

Das geltende Recht trägt diese Auffassung aber nicht. Abgesehen davon, daß bereits Art. 6 Abs. 1 GG eine Differenzierung zwischen der Ehe und der nichtehelichen Lebensgemeinschaft gebietet, rechtfertigt sich die Begrenzung der Schadensersatzansprüche nach den §§ 844, 845 BGB auf den dort genannten Personenkreis aus den Grundsätzen des Rechts der unerlaubten Handlungen. Schadensersatzansprüche sollen in aller Regel nur demjenigen zustehen, der unmittelbar in einem absoluten Recht verletzt ist. Vermögensrechtliche Nachteile, die sich aus einer solchen Rechtsgutverletzung für Dritte ergeben, verschaffen diesen nur mittelbar Geschädigten keine eigenen Ersatzansprüche, weil das Vermögen als solches kein Schutzgut des § 823 Abs. 1 BGB ist. Eine Ausnahme hiervon bilden die §§ 844, 845 BGB, indem sie unter den dort bezeichneten engen Voraussetzungen Dritten eigene selbständige Ansprüche gegen den Schädiger wegen der sie betreffenden Folgen aus der unerlaubten Handlung zusprechen. Dieser Ausnahmecharakter schließt jede

---

[119] *Schwab* (Anm. 104), S. 61, 82; *Meier-Scherling*, DRiZ 1979, 296, 298.
[120] Die Lebensgemeinschaft, 1978, S. 100.
[121] MDR 1977, 705 ff.
[122] MDR 1977, 709.

analoge Anwendung auf nur mittelbar Geschädigte aus, die vom Norm-
bereich der §§ 844, 845 BGB nicht erfaßt sind[123], so daß auch Partner aus
der nichtehelichen Gemeinschaft aus diesen Vorschriften keine Rechte
herzuleiten vermögen. Das verbietet sich auch deshalb, weil die Erscheinungsformen dieser Gemeinschaften tatbestandsmäßig so unscharf
umrissen sind, daß hieran anknüpfende Schadensersatzansprüche
unübersehbar ausufern müßten und die Grenzen des Haftungsrisikos
nicht mehr bestimmbar wären.

VIII.

Im Rahmen dieser Darstellung konnten nur einige wesentliche, zivil-
rechtliche Aspekte der nichtehelichen Lebensgemeinschaft behandelt
werden. Ausgeklammert werden mußten die vielfältigen rechtlichen
Auswirkungen, die sich für die nichteheliche Lebensgemeinschaft im
Bereich des öffentlichen Rechts, vor allem des Sozialrechts, ergeben.
Die Zunahme nichtehelicher Lebensgemeinschaften legt die Frage nahe,
welche Konsequenzen der *Gesetzgeber* hieraus *ziehen sollte.*

1.

Der Gesetzgeber sollte keineswegs den – wahrscheinlich vergebli-
chen – Versuch unternehmen, mit Hilfe von Rechtsnormen diese unverbindlicheren Formen menschlichen Zusammenlebens zu bekämpfen.
Freie Lebensgemeinschaften stehen mit der gegenwärtigen Rechts- und
Verfassungsordnung in Einklang. Wenn Art. 6 Abs. 1 GG die Ehe als
einzige von der Rechtsordnung anerkannte Geschlechtsgemeinschaft
und damit als ausschließlichen Anknüpfungspunkt für Rechtsfolgen
sozialgestaltender Art hervorhebt[124], so ist damit weder ein rechtliches
noch ein moralisches Unwerturteil über anders gestaltete Lebensformen
ausgesprochen.

2.

Der Gesetzgeber sollte aber auch nicht versuchen, ein Netz von
Normen für die nichteheliche Lebensgemeinschaft zu flechten und damit

---

[123] BGHZ 7, 30, 33 f. im Anschluß an die ständige Rechtsprechung des Reichs-
gerichts; KG OLGZ 1968, 17 ff. (für Verlobte); *Staudinger/Schäfer*, 10./11. Aufl.
1975, § 844, Rdnr. 3, 4; *Palandt/Thomas*, 39. Aufl. 1980, § 844, Anm. 1 a; *Larenz,*
Lehrbuch des Schuldrechts, II. Bd., 11. Aufl. 1977, § 75 II.
[124] *Pirson,* Bonner Kommentar, Art. 6, Rdnr. 17.

diese Form menschlichen Zusammenlebens zu verrechtlichen. Damit würde er einerseits den Interessen der Beteiligten wenig gerecht werden, die derart stringente familienrechtliche Bindungen gerade ablehnen. Außerdem wäre das mit der in Art. 6 Abs. 1 GG enthaltenen Instituts- oder Einrichtungsgarantie für die Ehe schwerlich zu vereinbaren. Nach der geltenden Verfassungsordnung steht die Ehe mit ihren tragenden Strukturprinzipien, wie sie sich in langer historischer Entwicklung herausgebildet haben, unter dem besonderen Schutz der staatlichen Gemeinschaft. Diesem Verfassungsauftrag zum besonderen Schutz der Ehe würde der Gesetzgeber nicht gerecht werden, wenn er neben der Ehe mit ihr konkurrierende Rechtsinstitute anderen oder minderen Rechts schaffen würde. Derartige in letzter Zeit mehrfach erhobene Forderungen sind unter der Geltung des Art. 6 Abs. 1 GG nicht zu verwirklichen und laufen in der Sache auf eine Wiederbelebung von Eheformen minderen Rechts hinaus, die lange Zeit als historisch überwunden galten.

3.

Zu erwägen wäre allenfalls eine gesetzliche Regelung für die Fälle, in denen ein Partner durch seine Mitarbeit im Beruf oder Geschäft des anderen während längerer Zeit oder durch erhebliche Geldleistungen oder in sonstiger Weise wesentlich dazu beigetragen hat, das Vermögen des anderen zu erhalten und zu mehren. Fehlt es in derartigen Fällen an klaren vertraglichen Absprachen, so läßt sich, wie dargelegt wurde mit dem geltenden Recht ein befriedigender vermögensrechtlicher Ausgleich kaum durchführen. Der Gesetzgeber könnte hier auf die grundlegenden Arbeiten von *Lieb*[125], *Fenn*[126] und von *Burckhardt*[127] zur Mitarbeit von Familienangehörigen, vor allem der Ehegatten, zurückgreifen, die ebenfalls vom geltenden Recht nur unzureichend erfaßt wird. Besonders instruktiv erweist sich hier der Vorschlag von *Lieb*, der über das Gesellschaftsrecht eine Lösung zu erreichen sucht und hierfür einen ausformulierten Gesetzgebungsvorschlag vorgelegt hat[128].

---

[125] Die Ehegattenmitarbeit im Spannungsfeld zwischen Rechtsgeschäft, Bereicherungsausgleich und gesetzlichem Güterstand, 1970.

[126] Die Mitarbeit in den Diensten Familienangehöriger, 1970.

[127] Der Ausgleich für Mitarbeit eines Ehegatten im Beruf oder Geschäft des anderen (§ 1356 Abs. 2 BGB), 1971.

[128] (Anm. 125), S. 209 ff.

4.

Für die nichteheliche Lebensgemeinschaft sollte auch insoweit eine
gesetzliche Regelung so lange nicht ins Auge gefaßt werden, wie nicht
gründliche rechtstatsächliche Untersuchungen vorliegen. Legislatorische Schwierigkeiten werden sich vor allem bei der Formulierung der
Tatbestandsseite, nämlich bei der Umschreibung des Begriffs der nichtehelichen Lebensgemeinschaft, ergeben.

5.

In jedem Fall sollten die vorhandenen gesetzlichen Regelungen, vor
allem im Recht der Leistungsverwaltung und im Sozialrecht, daraufhin
untersucht werden, ob und inwieweit sie Anlaß und Anreiz zur Begründung oder Aufrechterhaltung von nichtehelichen Lebensgemeinschaften
geben. Der Gesetzgeber sollte auch die durch die Entscheidung des
Bundesverfassungsgerichts vom 28.2.1980[129], notwendig gewordene
Novellierung des 1. EheRG zum Anlaß nehmen, erneut zu überprüfen,
ob durch die neuen, zum Teil rigiden Scheidungsfolgeregelungen die
Neigung verstärkt wird, anstatt einer Ehe eine nichteheliche Verbindung einzugehen[130] und hier gegebenenfalls Abhilfe schaffen.

---

[129] FamRZ 1980, 326
[130] Das hält der 3. Familienbericht der Bundesregierung jedenfalls für möglich.
BT-Drs. 8/3121, S. 14.